变革始于个人

It Starts With One

J·斯图尔特·布莱克（J. Stewart Black）
哈尔·B·格雷格森（Hal B. Gregersen） 著
王霆 译

中国人民大学出版社
·北京·

序 变革始于个人

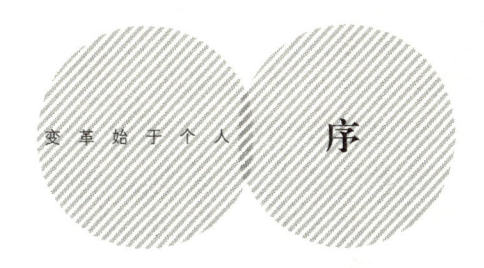

奥利弗·温德尔·霍姆斯（Oliver Wendell Holmes）曾说过："我不追求复杂性表面上的简单，但是我愿意将我的生命献给复杂性深层下的简单。"本书就是"复杂性深层下的简单"。根据帕累托原理，80%期望的结果由20%的活动得来，斯图尔特·布莱克和哈尔·格雷格森将焦点放在了这20%上面。他们成功地发现了在这个高速发展的、复杂的、全球化的世界里实现变革所需要的重要动力和实际解决办法。

我在战略和咨询行业有很多朋友和同事，有一个现象几乎已成为笑话：尽管对某一行业或专业所面临的机遇和威胁进行了深入的分析研究，尽管对替代性战略作了广泛研究，尽管作出了精彩的可行性研究报告并指出了建议战略路径，这些战略却很少得到有效实施。在今天这样一个数字化、全球化的世界尤其如此，只因为人们的心灵与智慧（或许还有文化），都过于沉湎于过去而看不到变革的必要性，并且人们很难去学会新技术并组织资源向前推进以完成这项工作。

本书的逻辑清晰地建立在由内到外（个人以外）的范式或思维路径上，而不是从外到内（组织以内）。除非变革产生在个体内部，否则它不能在更大的组织中持续影响行为和结果。这让我想起伟大的社会学家埃米尔·涂尔干（Emile Durkheim）的一句话："当有足够的道德观念时，法律是不必要的。当道德观念不够时，法律是无法强制执行的。"换句话说，考察组织变革问题时，只有让变革扎根于价值观、思维方式以及个人技能，组织结构才会发生变化——无论新的组织战略、结构或系统多么精巧都是这样。"个人变革方能变革组织"，而不是相反。

我记得我曾对日本丰田总裁做过一个访问。他提到"kaisen"精神的培养，意为"持续改进"。他强调，将"持续改进"融入情感，深入"感受"这种精神，对于生产线上员工的心境和意愿非常必要。他甚至认为，对这种精神的理解和参与程度应达到这样的水平：每个人都有意愿和责任把事情做得更好，任何一个人都可以停止生产线并就如何把事情做好、如何提高产品质量并降低成本进行讨论。我记得他说，"底特律根本不明白这一点。他们认为解决方法在于市场营销、设计和技术。他们不知道答案其实是每一个工人的心境和意愿。"用斯图尔特和哈尔以及我亲爱的朋友J·邦纳·里奇（J. Bonner Ritchie）的话来说，丰田汽车的工人们有他们自己的"心智地图"，因而他们用自己的"隐喻"来指导自己的行为。

当然，深刻的变化不会立即发生。有些人认为，这种做法可能不是那么有效，但根据40多年的经验，我可以满怀信心地表示，这种方法无疑更加有效。为什么这在今天比以往任何时候更重要？这是因为我们正处在从工业时代进入知识时代的进程中。今天，商品和服务70%～80%的总价值来源于知识工作，二三十年前这一比例只有20%～30%。工业时代的领导工作主要是控制，而不是发掘人类潜力。于是，人们成为成本中心并被当作物品一样被管理，当作机器一样被控制。

但由于人不像机器，人是有感情的，并且会有统一要求以外的不同个体行为，这些行为不是简单地调整把手或标度盘就能统一的，因此，"胡萝卜加大棒"——人类动机的大傻瓜理论——成为工业时代主导变革的工具。

值得庆幸的是世界已经变了。今天，管理人员认识到，人们有自己的想法、意愿和精神，而不仅仅是被控制和操纵的个体。今天的人们寻求一种意义、一种声音，以及对一个增加真正价值的创新社会的归属感。这是一个不同的世界，需要为这种不同的世界而改变。我们怎样为他人带来变化，已变得非常明确和明显。套用伟大的历史学家阿诺德·汤因比（Arnold Toynbee）的话，"你可以用一句简单的话概括组织、机构和社会的历史：'没有任何事比成功更没有希望。'"换句话说，如果你面对一个新的挑战，过去的成功举措现在却总会导致失败。因此，与组织相联系则是：过去成功促成变革的"胡萝卜加大棒"政策在我们的新环境中未必奏效。正如本书指出的：在今天和未来要想达到具有竞争力的世界级水平，必须有计划地变革，而不是被动地变化，或因危机而改变。然而，尽管组织的规模越来越大——像沃尔玛这样的公司10年内可能在世界各地有200万名雇员——但现实情况是，领导者必须保证员工个体处在改革进程的中心。德蕾莎修女（Mother Theresa）曾经说过："如果我向大多数人看齐，我将永远不会采取行动。如果我向某一个人看齐，我会采取行动的。"

根据我对组织的研究，解决问题99%的关键就是这一个人，且99个人中的每一个都是其中之一。除非每个个体都深刻了解并看到变革需要，并采取必要的举措，争取做出成果，否则变革不会在文化（每个个体的共同价值系统）中发生作用。并且，在变革深入文化层面之前，你根本看不出持续的变化所带来的强大的积极影响。

我很少见到这样的著作，它提供了丰富的现实生活中的商业案例以供读者了解。这些例子都不抽象，而是引人注目的现实生活中的商业案例，与我们大多数人都有关系，无论是通过我们的业务还是作为消费者。正如本书明确指出的，我们需要一个针对变革过程本身的新的心智模式或心智地图，所以我们不能退回工业时代控制和操纵的模式。我们必须摆脱这样的观念：改变组织的战略、结构和系统就可以奇迹般地改变个人。思维方式的改变是最艰难的。科学理论中这被称为范式转变。回顾这些转变的历史，我们就知道这并不容易，因为每一个重大的科学突破都需要与旧的思维方式、旧模式、旧模型、旧路径"决裂"。埃及天文学家托勒密勾勒出的地图显示地球是宇宙的中心。这不仅是地球中心主义，还是自我中心主义。后来哥白尼指出，地球围绕着太阳转，而太阳是宇宙的中心，且除此之外还有很多的星系。他被斥为异端。这种有缺陷的心智地图存在了几个世纪。甚至在几个世纪之后，当伽利略通过望远镜证明了哥白尼模型的正确之后，他本人仍被指责为异教徒，在教堂前面被每个教徒鞭挞。最后，他直起流血的身体，抬起头来，他们问："你还有什么要说的吗？"他说："地球仍在转。"

放血在中世纪的医疗过程中很常见，即使在匈牙利人塞默韦斯

（Semmelweis）和法国人巴斯德（Pasteur）提出细菌理论后，这种做法在君权神授的范式下仍持续了几千年。最终，"民有、民享、民治的政府"这一提法浮出水面，并引发了人类已知的对社会发展最深刻的突破。

2006年，穆罕默德·尤努斯（Mohammed Yunus）获得诺贝尔和平奖，用于表彰他在全球小额信贷运动中的领导作用，这场运动使得超过500万人摆脱了贫困。这里的关键是什么？是一种新的思维方式，认为人民是有能力和负责任的，并且认识到很多看似微小的变化积累起来可能导致巨大改变。创造"获得贷款后一定偿还"这种文化的关键之一，是让获得贷款的女性加入信用评价委员会评估下一个申请人。一个人的深刻变化将嵌入多数人的文化中。最根本的价值观念是：如果你得到贷款，你一定会偿还。其结果是惊人的98.9%的偿还率。使用新思维范式后，你就会明白为什么伦纳德·E·里德（Leonard E. Read）说的是多么正确了："历史的每一次重大行动都是由某一个或者几个有着少数充满活力的支持者的人来领导的。"

现代警务工作的创始人罗伯特·皮尔（Robert Peel）这样说道："警察的基本任务是预防犯罪和混乱。公众就是警察，警察也是公众，两者都负有相同的社区安全责任。"这是一种新的思维方式。这是一种预防的思想，而不是只图抓获坏人。今天，社会警务已成为预防犯罪的最强大力量。因为它涉及个人、父母、儿童和青少年，今天在世界上许多地方，犯罪率最高已经减少了80%，累犯率已下降至5%。还有许多其他不同领域的例证都显示："每一个重大突破都是与过去的决裂。"

要强调的是，这是一本突破性的书，因为这是对由外向内路径的改变和突破，并且提出了思考和论证的实际框架。作者展示了新的改革进程的需要，即由内至外的改变，其基础是这样一种观点：只有当人类个体的心态和意识发生改变，其他变化才会发生。简单地宣布一项新的战略或组织结构，其作用不会很大，即使是通过视频广播、播客、网络、卫星、有线、微波、广播或任何其他沟通方式也是如此。为什么？因为没有人执行。平均来说，只有约1/3的人清楚地理解他们的组织正在试图实现什么目标，只有10%的人感到被高度激活，并致力于其组织目标。为什么？因为试图强加给组织和个人的改变在更具全球性和复杂性的世界里并不奏效。你只能由内而外进行变革。

如果你是一个要管理成百上千甚至几十万员工的高管，你会觉得从个人开始变革虽然重要却难以实现。我与两位作者一样，对此有不同看法。我认为帮助员工个人意识到变革的必要性，激励他们采取必要的行动，鼓励和支持他们通过终点，这不仅是可能的，而且是会取得效果的。然后，他们可以在一生中重复这样有价值的个人改变过程。我们有能力做这件事。我们有选择的权利。我们是我们自己生活的创造源。我们可以提升自己，走出老习惯、旧做法的流沙，无论它们曾经多么成功。我们也能够迎接这个新世界提供的挑战和新的宏伟机遇。但是，一切都要从头开始。它从我们每一个人以及与其他人的关系开始。

也许玛格丽特·米德（Margaret Mead）说得最好："绝不要怀疑一小撮努力的人可以改变世界；事实上，这才是唯一的真相。"

斯蒂芬·R·科维（Stephen R. Covey）

变革始于个人　**前　言**

　　很少人会否认我们目前面临着现代历史上最大的挑战和机遇之一。当我们航行于现代商业这片水域中时，即使最有经验的管理人员和公司也会卷入强大的、某种程度上不可预知的全球化浪潮中去。这种波动环境可以提供一些使人上升到新的高度的机遇，也可以使人沉入海底。例如，2002 年当我们提供本书初稿给出版商时，维基百科甚至还不存在，而现在它已创造出相当于大英百科全书 3 倍内容的百科全书，而大英百科全书作为该行业的创始者及行业标尺已有 250 多年。

　　因此，我们并非航行在平静的水域，而是航行在充满机遇和风险的动荡的海上。随着我们进入未来世界，政府和企业负责人将面临大海的不断变化——包括技术、社会状况、人口情况、竞争对手、供应商等等的变化。任何有意义的变革都不容易，在未来动荡不安的世界，我们可以预料这将更富有挑战性。也许这就是 50%～70% 的战略变革措施失败的原因。在这样高的失败几率下，成功与失败的公司和管理人员之间的差异将主要表现为谁能够有效地推行这些变革，而谁不能。

　　本书正是关于这一进程的。我们首先概述了为什么大多数改革措施会失败，然后告诉你我们能做些什么来避免常见的陷阱，并最终在领导战略性变革中获得成功。我们的研究和经验表明，成功变革的关键不是信息、支付、通信等系统，而是人，人才是核心。如果你不能使人们看到改革的需要，作出必要的变化，并贯彻始终，那么所有用于信息系统、支付系统、通信系统或者新的组织结构的时间和金钱都是浪费。

这就是我们认为本书为管理人员和经理们提供的独特价值所在。今天不同于以往任何时候，人是公司最重要的资源，他们对公司获取持续竞争优势非常关键。然而，世界是不断变化的，管理人员不能简单地将他们的员工安排在一个方向，再让他们用某一种方法做事情，然后等着他们的组织自动运转。一项新技术、一个新的竞争对手、一条新的政府监管政策或其他创新，很容易使今天看来正确的东西到明天就变成难以置信的错误。如果主管和经理人员能更有效地帮助员工看到变革的需要，提供所需资源进行变革，并一路跟进和强化变革，那么，员工将推动公司前进。反之，未来的情况将与预期目标相差甚远。

世界正处在历史上最伟大的时刻之一，在这世纪之端，激动人心的变化即将到来。100年后，当我们回顾成功和失败时，我们相信会看到，大部分的成功将由那些有领导战略变革能力的人来决定。我们希望，本书能帮助管理人员和经理在全球范围的工作中成为更好的变革领导者。

致谢

变革始于个人

这本书的前提是大规模的变革取决于每个个体的改变。依据我们的经验，很少有人比我们的教授、导师和朋友 J. Bonner Ritchie 做得好。二十多年前当我们在杨百翰大学（Brigham Young University）求学时，我们师从这位伟大导师，他提出的问题和范例鼓舞了我们以及其他学生，产生了我们当时甚至现在也无法预见的变革。

无论是作为加州大学伯克利分校的学生，美国军官，密歇根大学的教职人员和民权活动家，非裔美国鲶鱼农场主的商业顾问，大学民权活动家，犹他州酒委会主席，杨百翰大学教授，还是作为为全世界儿童的幸福不懈努力的倡导者，Bonner 都是一位变革倡导者。除此以外，当我们还是学生时，Bonner 向我们展示了心智地图和隐喻方法的力量，帮助我们从不同角度更加清晰地看待事物。当你阅读本书时，你在每一章都能看到他关于这一问题的指引。

与 Bonner 一样，许多其他同事都促成了我们对一般意义上变革看法的思考，以及本书具体思想的塑造。感谢 Jean Broom, Mark Hamberlin, Spencer Harrison, Paul McKinnon, Mark Mendenhall, Allen Morrison, Gary Oddou, Lee Perry, Lyman Porter, Kurt Sandholtz, Marion Shumway, Greg Stewart, Pat Stocker, Michael Thompson, Dave Ulrich 和 Dave Whetten。此外，我们还要感谢杨百翰大学数以千计的工作人员和学生，达特茅斯学院、密歇根大学、赫尔辛基经济学院、宾夕法尼亚州立大

学以及欧洲工商管理学院（INSEAD）中与我们共同研究，并帮助我们扩展了思想和见解的人们。

在家庭方面，我们各自的父母不仅在我们的世界观形成过程中扮演了关键角色，还教会我们如何去创造新的方法。我们对父母给予的探寻问题方面的天赋表示感谢。我们也感谢我们的每一个孩子：Black 家的 Jared, Nathaniel, Kendra, Ian 和 Devyn; Schaefer Gregersen 家的 Kancie, Matt, Emilee, Ryan, Kourtnie, Amber 和 Jordon，感谢他们支持我们的奇特的心智地图，帮助改写文稿，驱除我们的疲劳，并彻底改变陈腐的东西。最后，感谢我们各自的妻子，Tanya Maria Black 和 Suzi Gregersen, 我们永远感谢你们在帮助我们冒险于生命旅途中的一切努力。

J·斯图尔特·布莱克
哈尔·B·格雷格森

变革始于个人 **目　录**

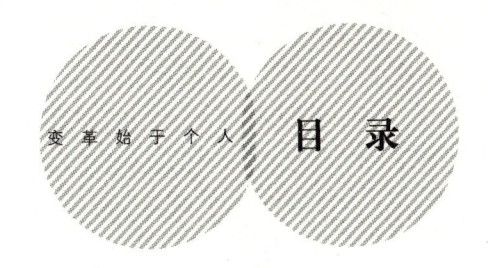

第一章　领导战略性变革所面临的挑战/1
第二章　第一道障碍：未能看见/20
第三章　突破第一道障碍的方法和工具：帮助人们看到变革的需要/40
第四章　第二道障碍：未能行动/57
第五章　突破第二道障碍的方法和工具：帮助人们行动起来/66
第六章　第三道障碍：未能完成/79
第七章　突破第三道障碍的方法和工具：帮助人们完成变革/91
第八章　综述/102
第九章　走在变革曲线之前/130

It
Starts
With One

第一章　领导战略性变革所面临的挑战

在上百种有关领导战略性变革的书籍中，为什么要读本书呢？答案很简单。因为其他大部分有关变革的书都已经落后，它们采用的是一种"组织化"的方式，换句话说，它们都是基于这样一个假设：如果你变革了组织，个体的变革就随之而来。但我们的经验和研究却得到相反的结论：持续的成功首先来源于变革个体，个体变革带来组织的变革。这是因为一个组织的变革在程度和速度上仅仅是其个体变革的集合。如果没有个体变革，就不会有组织变革。因此，我们采用"个体式"的方式取代"组织化"的方式。再重复一遍：为了变革你的组织，请首先变革个体，有时（也许是经常）这也意味着变革你自己。

让我们先假设你同意我们的第一个假设，并且认为组织特征（比如组织结构）的简单变革**不会**必然导致组织中个体的变革。让我们设想你相信为了变革一个组织，你必须首先变革个体的思想意识和行为方式。即使这样你也会疑惑："变革个体有多困难呢？"根据我们过去20年针对约10 000名管理者的研究经验可以知道，创新性变革的失败率是很高的——接近80%！当我们列举这个数据时，很多管理者的反应是："这听起来有点高啊。"然而，如果你把这个数据置于每天的现实环境中，就会发现这个失败率是不会让人吃惊的。例如，那些决定改变自己饮食或者锻炼水平的人，有多少能够在三周后仍然坚持这个变革？只有仅仅10％～15％的人能够坚持。人们自己嘴上说想变革自身行为，实际上却未必能够轻松做到，更何况想要变革那些不愿改变的人的行为，其难度就可想而知了。

我们不要对数字进行诡辩。其他一些研究认为变革失败率仅有50％。不管是50％还是80％，但至少不是30％。这个很有意义，因为如果失败率是30％，我们也许会将这种失败归咎于那些缺乏动力和能力的管理者。但50％～80％的失败率就意味着我们调查对象中肯定很多是有动力、有能力并且其他方面很成功的领导者，他们并不缺乏自己组织的、单位的、团队的或者个体的变革目标。

这就让我们看到了一些关于变革的麻烦。首先，我们喜欢轻松的变革，但麻烦在于变革是困难的；其二，我们希望变革不用什么代价，不需要很多的时间、金钱、努力、血汗和泪水，但麻烦在于变革的代价是很大的；其三，我们祈求变革能够在瞬间实现，但麻烦在于变革经常需要很长时间才能实现。

这就是为什么提高和增强领导变革的能力是你为自己职业和公司所做的最有利的事情之一。在我们的研究中，80％多的公司把领导变革作为未来最重要的五项核心领导力之一。也许更重要的一点是，85％的公司认为在他们的高级潜在领导者中这一能力并没有达到所需要的要求。简而言之，对于领导变革是需求很高（并且在不断增长），而供给不足。

要理解为什么会缺少掌控变革的有能力领导，我们只需要考虑这样一些因素。首先，变革**不可能轻松**。举个例子，请看下面这段500年前尼克洛·马基雅维利（Niccolo Machiavelli）写下的文字：

> 没有什么比这样一种事情更难实现，我要说的既不是对成功的不确定，也不是处理那些困难，而是指创造一种新的秩序。对于改革者而言，其敌人是所有那些旧有秩序中的既得利益者，而仅有的弱小保卫者是那些有可能在新秩序中获利的人。这些弱小

保卫者也只能从那些直到真正从中获利才会相信新秩序的怀疑者中出现。

很明显，对变革的抵制现象不是现代才出现的。实际上，对变革的抵制似乎已经经历了很长时间，因为人类从生物学上就表现为抵制变革。确实是这样，我们生来就是不愿意变革的。植物是通过随机变化和自然选择来生存和生活的，但人类不是。我们不是通过随机行为来繁衍的，我们让自然有一套法则——选择那些适合环境的个体，淘汰那些不适合的。人类抵制随机变化，从而避免被随机淘汰。我们被赋予了生命，因此我们可以保留那些过去发挥作用的东西。我们可以保留过去成功的"心智地图"并且用它们指导现在和未来的行为。

这个"心智地图"在几年前和哈尔结下了不解之缘，他当时在达特茅斯大学的阿莫斯·塔克商学院任教。哈尔的住处离上班地点很近，并且有好几条可以前往学校的路线，他很快选择了最快的一条作为日常驾驶上班的路线。在一个寒冷的冬天早上，哈尔驾车行驶到半路时却遇到了绕道行驶的障碍物和标志。建设工人正在道路下面铺设新管线，可以明显看出这是一个很大的工程，至少会持续好几天。于是哈尔不得不掉头，沿着原路返回，选择绕道去上班。在这一天工作结束后，哈尔开始踏上回家之路。但是他还是按照"原有"路线行驶，当然又遇到了绕道标志。他只能像早上一样返回，并且最终重新选择绕道回家。第二天哈尔醒来后匆匆去上班，可是你猜如何？他再次按照"原有"路线前往学校并且最终又是在绕道标志面前愣住。就像前一天那样，他掉头，原路返回，选择绕道去上班。最后，在第二天的下午，哈尔改变了自己关于驾驶回家路线的心智地图，在遇到绕道标志前就选择绕道而行了。

遗憾的是，现代的人们正在反对这种古老的生物学法则，这个法则过去一直发挥着作用，直到毫无争议的事实证明这个老式地图已经不再适合新的环境。如今，需要变革的速度和数量正在呈指数般增长。我们现在讨论把 90 天作为一年（或者互联网年，就如同狗的年纪一样短），学者用论文和数据讨论把产品周期降为一半。我们很多人要面对大小、范围和复杂度上的变革,这些趋势几乎是不可抵抗的。然而所有迹象都显示事情在朝坏的方向发展。变革的数量、速度和不可预测性都明显地使领导变革变得越来越有挑战性。

变革的程度

我们面对的变革的程度和规模就像自然界的珠穆朗玛峰。比如,2004年初谁能够想到一直默默无闻的中国联想公司后来会收购IBM的PC业务?在资金方面(合12.5亿美元),这虽然不是该年度最大的收购,但在新闻传播方面它则产生了巨大效应。与此相似但规模更大的是,在2005年初谁能预测出中国海洋石油总公司将开始对优尼科(Unocal)185亿美元的收购却很快失败呢?

我们举出中国的联想和中海油的例子,并不是因为只有中国在最近发生了大变革,而是因为它是我们正经历的变革在规模方面的一个很好例证。例如,2000年至2006年,中国不仅吸收的外国直接投资额增加了一倍以上,超过650亿美元,而且吸引了近90%投向整个亚洲地区的外资,包括美元、欧元、日元等。2006年底,中国工商银行同时在上海和香港交易所上市,发行股票200亿美元!这是有史以来最大的一次IPO(股票初次公开发行)。事实上,2006年中国是世界上最大的IPO市场。

正如我们所说,虽然不止中国发生了大变革,但它确实说明了最近发生的和未来可能发生的变革规模。中国的崛起已波及各个领域,包括那些可能不像工商银行IPO那样备受新闻界关注的领域。例如,大量货物从中国运送到美国,而只有从美国运到中国数量的货物相对较少,这催生了加利福尼亚州的一项新业务——集装箱储存。有许多空置集装箱堆放在加州,地产代理商和土地所有者仅通过出租土地用于储存空置集装箱便可获得良好收益。事实上，有时集装箱堆放得太高，以至于阻挡了住在这些"临时"储藏设施附近的业主的视线。

印度可能成为下一个向全世界传播变革地震的国家。虽然 2006 年印度的外国直接投资额与超过 650 亿美元的中国相比很低，仅略高于 40 亿美元，但是人们必须将印孚瑟斯（Infosys）、维布络科技（Wipro）、塔塔集团（Tata）或 Reliance 集团等公司当作未来的（有些公司可能已是现在的）全球竞争者。在机会方面，印度约 250 万人的中产阶级可为建立本土跨国公司提供基础，并为发展成为全球跨国公司提供重要机遇。几乎无法预测印度将会发生什么以及印度可能如何影响全球商业环境，但潜在的影响程度不可低估。概括地说，印孚瑟斯的首席执行官南丹·尼勒卡尼（Nandan Nilekani）最近指出："我们改变了游戏规则……（并且）你不能指望脱离这个全球化的新时代。"① 中国总理温家宝则更加有力地指出要点："印度和中国可以携手重塑世界秩序。"②

变革速度

如果这些变革只是缓慢地来到我们面前，那我们可以就像在足够长的时期内吃掉大象那样逐步消化。然而，宇宙变革之神并不这么善良体贴。相反，无论是部门内的还是跨部门的变革速度，似乎都在加快。

记得 VOIP（互联网协议电话）在《财富》杂志上第一次被重点提到是在 2000 年。短短三年后的 2003 年，一家名为 Skype 的小公司

---

① Friedman, T. L.: Small and Smaller, *New York Times*, 2004-04-03.
② Kabir, M. A.: Present caretaker government and relevant issues, 2007-03-23, http://www.weeklyholiday.net/2007/230307/com.html.

便开始启动。一年之后即2004年，《财富》杂志告诉我们不要相信所有关于VOIP的炒作。再一年后即2005年（Skype成立两年后），Skype拥有了53万客户，并在任何时刻Skype都有超过200万用户使用其服务，以每分钟2~7美分的价格与朋友、家人和爱人在全球各地通话。

后来在2005年9月，eBay收购了Skype，这笔交易为Skype带来了40亿美元收入。从0到53万用户，从0价值到40亿美元，只用了两年！从任何角度来看都是快速的。可以说，正是这种变革的快节奏对AT&T——贝尔之母——影响极大，并促使其2005年被西南贝尔（SBC）——诞生于1984年的"小贝尔"——以69亿美元收购。想象一下，25岁的孩子收购了135岁的父亲！（但是，为使贝尔家庭保持统一，西南贝尔继承了AT&T公司的名字并沿用至今。）

变革的不可预测性

正如前面关于变革规模和速度的例证，许多最大、最迅速的变化也很难预测。难道预言者对于VOIP上升态势会做出比《财富》或其他杂志差的预测？我们对此表示怀疑。很明显，我们并非针对《财富》，它是一个伟大的组织并生产高质量的产品，所以才会成为被最广泛地阅读并引述的杂志之一。不过，这正是我们的观点。如果与最优秀的商业人物对话的最好的商业记者都不能准确预知未来，那么这只能说明未来是怎样的不可预测。

作为变革不可预测的最后一个例子，要提到《大英百科全书》（*Encyclopedia Britannica*）的沉浮。可以说，《大英百科全书》创造了有竞争力的书籍类别。《大英百科全书》第一版从1768年陆续出版到1771年。当它完成时，共有2 391页，共3卷，160页插图。200

多年以来，它始终在其创造的类别里占统治地位，被看作市场上最权威的百科全书。到了1788~1797年出版的第三版，共载有18卷，另附2卷超过1.6万页的补充。

第11版后（通常称为1911年版），商标和出版权被卖给伊利诺伊州芝加哥市的西尔斯罗巴克公司（Sears Roebuck）。30年后，西尔斯罗巴克公司将该权利提供给芝加哥大学。从那时起直到1973年去世，威廉·本顿（William Benton）一直供职于该发行商。

接下来的十年，《大英大百科全书》继续主导市场。全套价格为1 500美元至2 000美元。然后在80年代中期，一家鲜为人知的名为微软的公司（当时只有10岁）与大英百科全书公司接触，开始讨论合作的可能。

《大英百科全书》拒绝了微软。为什么这个拥有一流的品牌和成功声誉已经超过200年的公司要和一家不知名的且在出版界没有地位的公司合作？被拒绝后，微软使用《芬克 & 瓦格纳标准百科全书》（*Funk & Wagnalls Standard Encyclopedia*）的内容，创造了现在众所周知的Encarta（微软的电子百科全书）。大英百科全书的高管只能微笑，同时，轻视使得他们将微软这个奇怪的、不成熟的竞争对手加入到更不被尊重的竞争者行列中去。这种观点得到了支持，《大英百科全书》在接下来的五年内销售出现增长，达到1990年的6.5亿美元。

短短3年后的1993年，微软开始将Encarta绑定在其微软Office产品套件中。虽然Encarta的内容不如《大英百科全书》好，但它基本上是免费的。《大英百科全书》的销售额像岩石般坠落。《大英百科全书》下定生存决心，推出了一个光盘版本，但所有信息并未放入一张盘里。它由三张磁盘组成，不便于客户使用，因为你必须确保你放入的这张磁盘中有你想要的信息。最重要的是，《大英百科全书》的光盘产品定价为995美元，他们希望这种价格的3张光盘的产品能够促使客户购买。该计划没有奏效，1994年《大英百科全书》推出了其著名的百科全书在线版。但订阅费用为2 000美元。同样，《大英百科全书》希望这样一个高价位的网上认购可以鼓励客户购买装帧精美的传统套书。

但销售进一步一落千丈。1996年,只售出2万套印刷版,而1990年共售出11.7万套。由于财务困难,1996年雅各布·萨夫拉(Jacob Safra)以1.35亿美元收购了大英百科全书公司,仅相当于其账面价值的一小部分。

至此,《大英百科全书》的故事是令人痛心的。这项变革的规模(全书减少了80%以上规模)和变革的速度(它仅用了短短的2%的公司寿命)都是惊人的。然而,最终《大英百科全书》的命运不是由微软终结的,而是由一家在1996年并不存在甚至当时也没有可能存在的公司终结的,那时雅各布·萨夫拉正在试图全力挽救全书。这家公司就是维基百科(Wikipedia)。事实上,具有讽刺意味的是,几乎所有《大英百科全书》的资料都可在www.wikipedia.com网站使用——一个免费、在线和开源的百科全书,依赖于成千上万的贡献者。《大英百科全书》和微软在2001年都没有设想到这个百科全书的形式,而维基百科让这一形式不断发展。即使在2003年,也没有人预测到2007年时维基百科将有150万篇英文文章,共500多万字。整体来看,这比最大的大英百科全书数量多出3倍。谁能够看到变革的步伐如此之快,在短短的几年里,维基百科会拥有全球200种语言共计14亿字的460万篇文章?事实上,维基百科更新速度如此之快,即使你每周7天、每天24小时不停地阅读所有新增和修改的材料,你也跟不上它的变化。

变革的影响

重点是变革的规模、速度和不可预测性比以往任何时候都大。不管是否会有十种力量夷平世界,也无论是否会有驾驭无国界商业环境的七种力量或者五大趋势,变革的挑战绝不会改变,并且只会变得更加严峻。因此,落后于变革的代价可不仅仅是带来不方便,而可能是灾难性的。

我们不必远眺就能看见不符合这一挑战的后果。美国的 AT&T、通用汽车、凯玛特、柯达和施乐公司，欧洲的 ABB、空中客车和戴尔比斯公司，以及日本的三菱、索尼，都只是公司动摇、引进新领导者进行变革但依然未能恢复的少数例子。这些公司可能还没有像 IBM 和日产那样恢复和振兴（至少 10 年）。但是，如果这些公司及其领导者早点适应变革的挑战，其代价（包括股东价值损失、声誉或为雇员提供的工作条件）必然低于从危机中复苏的成本。

但是，变革的挑战不仅限于董事会。事实上，根据我们的经验，实战还出现在报纸和杂志头条之外。现实情况是，新闻头条每出现一次变革失败的报道，现实中就会有数百个失败的 CEO 团队。这些看起来无形的个人案例包含了无数上层和中层领导者，他们的事业看似进入了快车道，而一旦开始一项变革，他们便走向撞车、脱轨和毁灭。

对于那些事业或名誉并未因变革失败而受到影响的人来说，令人沮丧但不容忽视的事实似乎是，无论过去我们曾经在领导变革方面有多么成功，未来都需要我们付出更多。因此，我们认为，当谈到领导变革时，即使对于某一个管理者本人而言，过去的成功也并不能很好地预测未来的表现。在不同的行业、国家和公司，我们任何一个人都可能被要求去领导具体的变革。这些变革可能涉及：

▸ 改变一个业务部门，该部门多年来依靠技术能力获得成功，而现在必须专注于客户服务。

▸ 带领组织从国内竞争拓展到全球战场。

▸ 加速增长，不是仅仅通过生产产品，而且通过与售后支持相联系所有的服务来做到。

▸ 改变文化，从全面考察变成快速的即时决策。

▸ 重新设计工作内容以便融入费解的新技术。

▸ 改变我们个人的领导风格，从集中指挥和控制变得更加以网络为中心、更加包容。

▸ 其他同样艰巨的任务。

研究这些变革时，我们注意到一个重要但往往被领导者忽略的事实。那就是很少（如果有的话）有被要求变革的组织、企业、单位或团队不要求其领导者也做出改变。其实，很多时候当我们调查或采访那些领导者认为需要改变的员工时，他们的评论是："我的领导说一套做一套。"换句话说，在很多情况下，这些领导者正试图影响和改变的人在观望，但他们往往未从领导者身上看出变化。实际上，他们的领导会对他们说："按我的话做，而不是照着我做。"有时，我们似乎已经忘记了，当我们是孩子时，父母的这种做法永远不会产生效果，而我们成为了父母这种做法对孩子也不会有效。"以身作则"的原则是千真万确的，而"按我的话做，而不是照着我做"对任何人都不起作用——无论是作为父母还是领导者。

因此，我们的经验是：最成功的变革领导者不仅要认识到组织变革首先需要个人变革，还应认识到要改变其他人就首先要以身作则，改变自己。

遗憾的是，大多数人（包括我们自己）习惯于抵制变革。例如，试试这个简单的实验。让两个人面对面站着，然后抬高他们的手臂直到与肩同高，手掌向前。然后要求每个人将自己的手掌压向对面的人的手掌。会发生什么？只要你从对方那里感到有压力传来，你便会抵抗。这几乎是一种条件反射。因此，面对变革也一样。只要人（同样包括我们自己）感到有压力，我们就会几乎本能地推回去，我们会抵抗。不仅如此，人们越被强制去改变，他们的抵抗就似乎越有力。这仿佛是对牛顿物理学的无意识应用，自动对每一个改变他们的行为都表现出一种力度相等、方向相反的反作用力来抵抗。

正如我们前面简单提到的，我们都有心智地图，这些地图在过去发挥的作用越大，它们在我们的大脑中就越根深蒂固。也就是说，由于刺激总在同一神经通路中行走，它们会在我们的大脑中不断铭刻加深这一路径。重绘、改变心智地图和走新道路的话几乎总会遇到阻力——往往是本能或反射性的阻力。最后，人类的大脑为变革设置了重大障碍，如果我们要满足自身和他人日益增长的领导变革的需求，我们就必须突破。

因此我们认为，个体变化均开始和结束于人们头脑中形成的地图，即他们如何看待组织和他们的工作环境。正如实际生活中地图指导人们通过喜马拉雅山一样，心智地图则通过组织生活的日常起伏指引人的行为。如果领导者不能改变自己和他人的心智地图，就无法改变人们追求的目标或到达目的地的路径。如果人们头脑中的信息无法刷新，那么他们的思想和行为就无法创新。

挑战的症结

接下来，我们要揭示挑战的症结所在。很明显，变革一直很困难，现在仍然如此。除非我们能够挖掘到表面之下，找到根本原因，否则就不要奢望或祈祷能满足不断升级的领导变革要求。

为了更好地理解打破大脑屏障的这些基础，我们可能需要了解一下那些打破音障的人。音障是在 1947 年 10 月 14 日的水平飞行中由当时的上尉（今天的将军）查克·耶格尔（Chuck Yeager）第一次打破的。在此之前，由于科学家和飞行员根本没有充分认识到音障的性质，或者更确切地说，由于他们并不完全了解空气动力在跨音速和超音速时发生的变化而导致一些飞行员死亡。简单地说，随着飞机在空中移动速度越来越快，速度的提高导致从机翼到机尾形成冲击波并改变飞机的空气动力。由于飞机速度提高至接近音速，冲击波沿机翼和机尾返回并改变压力分布，这就是飞机的空气动力特性。

突破音障需要三个具体的调整。第一，必须产生足够的推力，使水平飞行的飞机比音速（约 761 英里/小时）更快。这需要从螺旋桨改变喷气推进。第二，调整空气动力学上的超音速机翼的变化，机翼必须向后移动并变得更薄。第三，创造更多的空气压力可以导致适当的间距（这架飞机的机头向上或向下运动），需要重大修改保持水平稳定。水平稳定器其实就是这架飞机的尾翼。随着每个部分旋转向上或向下来调节。在亚音速飞行，这一小部分运动足以使飞机上升或下降。同样的小型表面在跨音速和超音速时却不能产生同样的效果。今天，大多数超音速飞机，不是仅仅移动边缘小部分，而是依靠整个水平安定面支点，建立必要的空气压力的变化，改变了超音速飞行的间距。

然而，即使有了这些进一步的了解和完善，当飞机将接近音速时，它也会随着冲击波摇晃。似乎技术人员和飞行员越用力推动飞机突破音障，就会遇到越大的阻力。甚至有人认为，在通过音障时，冲击波将把飞机像铝罐头一样挤扁。

在1947年10月那个特别的日子，耶格尔报告说，飞机在速度接近1马赫时剧烈摇晃。然而，一旦他"猛冲通过"，飞行便非常平滑。

花点时间看看图1—1。这幅令人难以置信的照片拍摄了F-18战机在1马赫——声速时的状态。显然，声波是肉眼看不到的，我们之所以能看到飞机突破音障，唯一原因是冲击波压缩空气中的水分而暂时形成了云。

图1—1　F-18战机突破音障

"真有趣，但这与领导变革有什么关系？"你可能会问。通过采访和观察管理人员，我们不断发现，大脑中可能存在天然屏障阻碍变革。就像音障一样，领导者越是试图更快推动变革时，就会有越多的冲击波聚集在一起抵抗，形成一个巨大的变革障碍。领导者面临的不是音障，而是由预先存在的"大脑屏障"和成功的心智地图组成的障碍。这些强大的地图决定了人们如何看待工作环境，指导他们的日常行为。事实上，我们的头脑中充满了这类地图，就像图1—2显示的一样，我们头脑中的地图远远多于我们每个人脸上的眼睛，它们勾勒出我们对世界的个人观点。

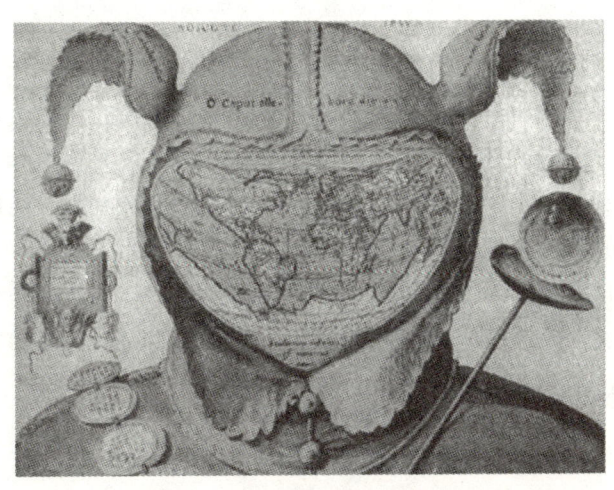

图1—2 关于世界的另一种看法

这些心智地图的力量几年前曾让我们的一位同事惊讶不已。他被一家肉类加工厂聘为顾问，帮助它将原来的从上到下的集中管理体制转变为高度参与的管理机制。经过三天关于机遇、挑战的强化培训，赋予日常后勤更多权力及团队自我管理，一位身材魁梧、体重约300磅（约136公斤）的屠夫在房间的后面站起来，将一把切肉刀插在桌上，并毫不含糊地要求，他仍然有权利"让经理告诉我什么时候做什么"。显然，这个屠夫的对于工作环境的心智地图没有一丝一毫的改变。而对于这家肉类加工厂——或有这类情况的任何其他地方的重大组织变革——变革领导者都应该理解、突破并最终一点一点地、一个接一个地、一次又一次地重新绘制个人的心智地图。

这给我们带来了可能阻碍持续战略变革的巨大障碍。在我们工作中，我们发现变革的障碍不是一个，而是连续的三个。变革成功率低而失败率高是正常的，事实上我们必须突破三个强大的障碍方能最终获得成功。我们将这三个障碍称之为**看见，行动，完成**。

● 看见。即使当机遇或威胁就在眼前，他们也没看见需要改变。

● 行动。即使他们认为有需要，他们通常也难以开始行动。

● 完成。即使他们认为有需要并开始行动，也往往不能完成——坚持得不够久或行动不够迅速以致没能最终获得变革成功。

正如音障一样，如果我们能理解这三个障碍各自的性质，我们就可以作出必要的调整来实现变革的突破。因此，我们在过去研究的基础上，对管理人员进行访谈，并与其一起工作，来寻找为什么人们没有看见、行动并完成。此外，我们揭示了成功的关键——突破每一个障碍所需的修正。虽然我们没有声称找到了所有的见解或答案，但我们的旅程足以指导管理者们，以至于我们感到不得不将已经生效的实践落实到文字上。简单地说，本书揭示了变革的每一种障碍背后的力量，并描述了突破障碍的具体工具和技巧。

简化和应用

在描述这些障碍并给出突破它们的工具时，我们努力坚持一个重要原则。对这一原则爱因斯坦表述得很好，他说，我们应该把事情尽可能简单化，而不仅是比较简单。我们认为，关于变革的8个错误、12个步骤等往往在方向上正确，但在现实中过于复杂。但是我们刚刚讨论过，今天的变革比过去更大、更复杂，并且未来的变革很可能只会更加严峻。为什么简化变革可以帮助我们领导更复杂的变革？有两条理由让你相信。

首先，我们能记得的事情才是可行的，特别是在压力之下能想起的才行。不管多么全面的模式、框架、理论或思想，如果我们在面临压力时不记得如何应用，那么它最终几乎没有实际作用。因此，如果变革更普遍、更迅速，且比以往更加不可预测，那就相应地要求我们采取对应的行动。无论我们希望利用哪种工具获得变革的成功，我们都必须能记住、想起，并在实际情况中使用它们，才能在面临真正的压力情况下及时做到。

在坚持这一简单原则上，很重要的一点是记住悠久历史和科学依据：作为人类，我们在记忆模式、框架甚至太长的复杂号码或字符串方面有局限性。例如，你有没有想过，为什么世界上大多数的电话号码只包含7位或更少？这是因为80％的人能记住7位数字，但当你继续增加数字时这个比例便会急剧下降。事实上，虽然世界上80％的人能记住7位随机数字，但仅再增加3位数（从7位数变成10位数），这个比例便迅速下降到约2％。一项变革战略如果在纸面上看起来不错，但不能被普通人记住，那它就真的没有什么价值。为此，我们建议采取非常务实的做法来提出领导变革的框架。我们提供了一个可以被记住、便于回想，最重要的是能被应用的框架。从根本上讲，它只有三个组成部分。

第二，我们主张进行简化，因为迅速实现80％的预期效果明显优于追求达不到的100％。如果迅速实现80％是你的目标，那么那20％通常是关键。例如，我们通常看到的这样的案例，公司的80％销售收入来自20％的公司的客户。在体育方面，我们看到许多情况下球队80％的积分来自其20％的球员。虽然一家公司不能忽视它的其他客户，一个团队不能忽视其全部的球员，但这两个组织都应集中于关键核心来获得其最佳性价比。为此，我们着眼于变革的最关键的基本因素。

这是本书的一个重要特点。我们追求简化，而且我们关注基本点。通过与世界各地的多家公司一起工作，我们已经发现，如果你说的基本点正确，即把握住了关键的20％，并迅速达成80％的预期结果，其余的都会实现。相反，你如果把大量时间放在想象的不必要的变革上，那么被忽视的基本面将偷走你的成功。

最后，一个完整的基本原则是突破变革的关键。正如掌握基本的重力和摩擦可以使设计师制作更薄的机翼安插在飞机上，从而使飞行员突破音障一样，掌握变革的基本点是突破强大而持久的心理障碍的关键。

变革的基础

什么是领导战略变革的根本动力？图1—3将展示这一进程，随后将介绍矩阵中的每个主要单元的相关动态。正如我们所说，之后章节将带你了解这些动态并对其详细解释，你会真正掌握这些概念。

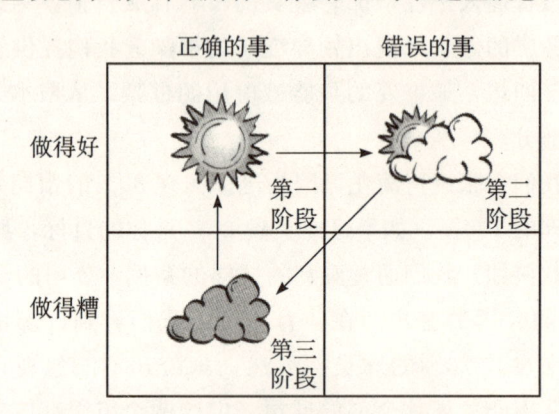

图1—3 变革的基本动力矩阵

几乎每一个重大转变都起源于成功（第一阶段）。在几乎所有情况下，变革的必要性产生于过去的成功——做好正确的事情。事情越正确，完成得越好，其生存发展的历史就越有可能越长。例如，IBM做了正确的事（制造大型计算机）并且做得很好。它比近50年来的任何公司都做得好。施乐公司与复印的发明和商业化紧密相连，以至于该公司的名称已成为一个动词，常有人说"请为我施乐（xerox，复印此文件。"

基本上对于每一个组织或个人而言，变革都始于做好了正确的事。然后，事情常常因环境的变迁出人意料地发生了变化，正确的事情变成了错误的事情。新的竞争者有着同等质量但价格却明显降低，或者一项新技术使过去产品可靠性的标准过时，或者政府规定禁止了过去的商业惯例，或者客户改变了他们的喜好，或者是其他种种变化。

这种转变的结果是，曾经正确的现在看来是错误的（从第一阶段开始转向第二阶段）。更重要的而且很无奈的是，虽然过去做得正确的事情现在看来是错误的，但我们仍然很习惯像过去那样做。在 IBM 的案例中，计算机能力大幅上升，而成本保持不变（或实质上有所下降）；服务器、小型机甚至台式电脑开始取代部分主机的作用。仅制造大型机不再正确，但 IBM 继续做下去了，而且做得很好。人们的心智、价值和想象年复一年地被捆绑在制造"大铁块"（IBM 大型主机的俗称）上。这种沿着过去旧的成功路径发展的持续性构成了变革的第一部分。

然后经过足够多的痛苦、流血，我们开始进入变革的第二阶段，即终于认识到过去正确的事情现在是错误的——我们终于看到了光明。然后，我们开始设想新的正确的事情可能是什么。随着时间的推移，新的正确的事情就很清楚了。但是，几乎在所有情况下，由于新的正确的事情是刚开始进行的，我们在最初通常并不擅长于此。所以初期我们以做砸新的正确的事情而告终。这是变革的第三阶段，也是令人沮丧的部分。

例如，在卢·郭士纳（Lou Gerstner）接任 IBM 公司 CEO 不久以后，公司内部人士最终发现，只是"销售机器"是没用的，提供集成解决方案对他们未来的成功才至关重要。然而，无论是 IBM 或其雇员，一开始都不擅长从提供集成解决方案上赚钱。如今分析师宣扬着"解决方案"在 IBM 的收入和利润增长方面的重要性，而我们很快忘记，在 20 世纪 90 年代初，IBM 公司发起这一战略变革时，集成解决方案部门（他们称 ISUs）是造成亏损的最主要原因，根本不能赚钱。

幸好，经过一段时间，我们掌握了新的正确的事情并开始把它做好（从第三阶段回到第一阶段行动）。此时，阳光再次普照，我们在它的光芒下享受温暖。生活是美好的。（直到发生新的变革，新的正确的事情再次成为错误。）IBM公司最终也成为提供集成解决方案的佼佼者。事实上，20世纪90年代末，服务业务是IBM公司最大的收入和利润增长引擎。

变革的基本过程或者说变化周期就是这么简单。完成下列内容的80%便是核心的20%：

- 第一阶段：做正确的事，并把它做好。
- 第二阶段：发现正确的事情现在变成了错误的事。
- 第三阶段：开始做新的正确的事情，但刚开始做得很差。
- 第四阶段：最终把新的正确的事做得很好。

任何人都可以理解、记忆和回想起这个框架。我们前面提到的三大障碍却导致这一进程崩溃。"未能看见"影响我们从最初开始起步。当我们开始时，"未能采取行动"又让我们不能进入新的正确的道路。即使当我们开始行动时，"未能完成"又使我们无法将新的正确的事做好。

有了这样的整体框架，后面的章节将帮助你应对再造思维的变革的挑战。我们深入考察推动我们变革框架的每一步行为的动力，探索那些往往使我们远离成功变革的心智地图，以及我们如何才能突破这些大脑障碍。

具体来说，在第二章"第一道障碍：未能看见"中，我们考察第一阶段的思维再造的挑战。我们探讨为什么在威胁和机遇可见时我们仍未能看见。显然，如果我们看不到威胁或机遇，我们就不会进行必要的变革。为了应对这一挑战，在第三章"突破第一道障碍的方法和工具：帮助人们看到变革的需要"中，我们将详细介绍如何突破这个障碍，帮助自己和他人真正意识到需要变革。

我们将在第四章"第二道障碍：未能行动"中探讨第二阶段的思维再造的挑战。我们研究为何即使我们看见了，我们也经常无法行动。虽然这听起来不合逻辑（如果他们认为有必要，为什么会不采取行动?),但有充分证据表明,未能采取行动的情况是相当普遍的。因此,有效的变革必须克服这种强大的心理障碍。第五章"突破第二道障碍的方法和工具:帮助人们行动起来",将在人们认为需要变革时,提供方法克服这个障碍并帮助人们采取实际行动。

　　第三阶段也是最后的思维再造挑战,在第六章"第三道障碍:未能完成"中,我们探索为什么即使人们采取行动,往往也未能完成——行动坚持时间不够长或速度不够快。同时要认识到变革的需要是推动我们前进的信念,沿着新路径将使我们飞离地面,如果这一势头不能维持,向上提升的初始飞行所需的力量将被一直向下的重力和变革的自然阻力所制服。我们已经遇到过许多类似的案例,在这些案例中,变革项目能够离地起飞,但在离开跑道后不久便动摇并坠毁。第七章"突破第三道障碍的方法和工具:帮助人们完成变革",将提供应对这一挑战的一个简单而有效的框架,并提供具体的工具帮助你突破这个障碍,完成重大变革。

　　在第八章"综述"中,我们整合了此前分别提出的各个部分,以确保你可以在实际情况中应用这些基本原则,它们其实并不像本书的不同章节那样划分明确。在第八章多数案例中,我们研究如何使用这些原则帮助你重新指引你的组织,获得更多收入和利润增长。

　　第九章"走在变革曲线之前"提供了黏合剂,以确保将这些内容互相黏合并与你合成在一起。这种黏合剂本质上是一件工具,可以用来衡量你和其他人处在变革的哪一阶段,需要做哪些事情以确保实现变革目标。这件工具不仅可以用于领导变革,还可以用于培训、教育和帮助他人迎接变革挑战。

It
Starts
With One

第二章 第一道障碍：未能看见

  畅想一下。你正在沙滩上休闲：阳光普照，波光熠熠生辉，椰风沙沙作响。你享受着这宛如田园诗一般的生活，而这些都是你凭借自己的努力赢得的——都是你应得的。你工作勤奋，为人机敏。所在的公司是各家媒体争相报道的对象，并且在消费者最广泛的手机市场中独领风骚，公司的掌中宝手机（StarTac phone）是人人都想拥有的潮流产品。这就是摩托罗拉公司。

  做正确的事并且把事情做好，这就是摩托罗拉 20 世纪 90 年代早期的状况。那时它的模拟手机（analog phone）风头颇劲。在巅峰时期，摩托罗拉甚至在全球手机市场上占有超过 30% 的市场份额。

  然而不久之后境况大变。首先，一项手机方面的新技术取得了进展。但这项新的电子技术并未在早期展现出卓越性，相反，还需要进行数十亿美元的基础建设投资。大部分的美国运营商，诸如 Sprint 和 Verizon，都没有投资此项技术的意愿，而生产运营商们不采用的手机是毫无意义的。这也许就是美国许多手机生产商一开始便忽略新技术的原因。尽管欧洲的运营商们对新技术表现出了莫大的热情，但当任何欧洲国家，诸如德国或者法国等地的市场规模在美国的市场面前皆相形见绌之时，欧洲人的想法又有什么值得顾虑的呢？

其次，摩托罗拉业绩下滑的原因还有新的竞争对手的出现。尽管在很多人看来，这个所谓的对手在推动新技术方面的举措更像是一种自杀性行为，而非前瞻性壮举。这家公司刚经历了高层大换血，其中包括1990年公司CEO的自杀。新的CEO于1992年走马上任。但这位名叫约玛·奥利拉（Jorma Olilla）的前银行家显然不是技术方面的内行。因而即使他在手机通信——这个当时在其收入额中甚至占不到2％的领域里弄出了什么响动，也不会引人注目。该公司最主要的收入来源于与森林相关的产品，并且以此延续了一百多年。此外该业务还包括为渔夫制造塑胶套鞋。哪里能和高科技领域扯上关系？更重要的是，这位新对手来自于严寒的芬兰——一个全国人口尚不及芝加哥市的国家，很多人甚至不知道如何正确念出这家公司的名称，不知道重音是在"诺（NO）"还是在"基亚（KIA）"上。

结果摩托罗拉公司的第一反应，就是坚决地否认有必要对这位新对手或者新技术有任何担忧。

然而不久后诺基亚的收入就增长了四倍——从1993年的21亿美元上升至1997年的87亿美元。与此同时整个欧洲开始采用一种新的技术标准。在该标准下用户可以在区域内的任何角落使用移动电话。这种便利很大程度上刺激了需求。而美国的标准并不要求一部电话可以在各州通用，因而增长趋势一直受阻。此时诺基亚决心在强化品牌和品牌营销方面投入与科技同样的力度。在一些看似无关的项目上面下工夫，诸如增强用户界面直观性（例如绿色按键代表"发送"，红色按键代表"挂断"）以及所有型号的操纵一致性。1998年，仅仅是在诺基亚向全球手机市场推进的第六年，诺基亚便实现了从局外人到霸主的转变，在全球手机销量上超过了摩托罗拉。

摩托罗拉又是如何回应的呢？奇怪的是，它把更多的精力和资金投入到了模拟手机上。它要在自己熟悉的领域——尤其是它所擅长的领域中以更大的强度来弥补。

随后发生的事我们都已经知晓。在短短六年的时间里（从1998年到2003年）摩托罗拉在全球手机市场上的份额骤降逾50％！而与此同时，诺基亚，一个90年代初在美国毫不知名，在世界范围内更是默默无闻的公司，却一举成为世界十大最有认知度的品牌之一，仅列于可口可乐、麦当劳等品牌之后。2001年，凭着约35％的全球手机市场份额，诺基亚攫取了将近70％的利润分成（在该行业所有资金量中所占的份额）。全球每售出三部手机，其中就有一部为诺基亚所产，而每获得10美元（欧元、日元、马克等等）利润，其中就有7美元落入诺基亚的囊中。没错，诺基亚的"利润额"是其"市场份额"的两倍。

你也许会以为故事至此完结，然而事实并非如此。正当诺基亚忙于掌管手机界并试图撵走摩托罗拉之时，1992年——诺基亚的CEO约玛·奥利拉正式掌权诺基亚之际，一家此前甚至从来没有生产过手机的公司，效仿诺基亚故技重施，这家公司就是三星。1998年诺基亚悄无声息地以400万台的销量，战胜了摩托罗拉的350万台时，三星仅仅卖出47万台手机，分得全球手机市场2.7％的份额。由于三星最初仅在韩国本土完成大部分销售，这个份额始终未能吸引诺基亚的注意。结果，没有任何人，包括1998年的诺基亚，能预测到2006年三星会异军突起，向摩托罗拉世界第二的位置发起冲击。

没有人注意到三星来势汹汹，包括诺基亚，而当诺基亚有所发现却为时已晚。三星真正取得突破是在2002年。当时其他制造商都没有考虑到将小型低像素摄像头安插进手机，三星却身体力行了一句老话："一张好的图片胜过千言万语"。三星的管理者们了解到消费者所需要的并非一个取代相机的手机，而仅仅是想有一个附加的、信息量更为丰富的方式来与朋友和家人交流。在其腾飞的六年里，三星公司的手机销量从2000年仅为210万台激增到2005年的1亿400万台，其占全球手机市场的份额也从5％飙升到13％，翻了将近3倍！

在每一个案例中，股东们都为变革不及时而付出了昂贵的代价。正如摩托罗拉被崛起的诺基亚攻其不备，1997年到2002年末，他们的股东就亲眼见证了其市值骤降50％。与此同时，诺基亚的股东们却乐见了300％的增长。同样，2002年到2005年末，诺基亚对三星登上世界手机舞台后的迅速扩张也备感震惊。股东们不得不眼睁睁地看着股价下降了26％。而此刻三星高达216％的市价增幅早已让公司的股东们笑得合不拢嘴。

谁也说不准这场三方会战将会如何演变。2006 年，诺基亚和逐步复兴的摩托罗拉大力前进，终于稍稍拉开了三星和它们之间的距离。而值得我们拭目以待的是，二者经此一役究竟得到了多大的教训？还是这三家公司都会被苹果公司杀个措手不及？苹果公司在 2007 年 1 月 9 日发布了新机 iPhone。这些我们都无从预料，但可以确定的是，过去的辉煌总是很容易使我们掉以轻心，从而错失保证未来成功的变革关键点。

光芒蒙蔽双目

看不到变革的需要，你就无法变革。这话已是老生常谈，人人皆知。但既然如此，为何变革的方案总是无法突破第一道障碍呢？简单地说，不是因为我们不知道有障碍，而是我们低估了这道障碍。我们会低估这道障碍，是因为我们没有花时间或精力来了解障碍的本质。

为什么我们会对眼前激烈的竞争和脚下宝贵的机会视而不见呢？为何摩托罗拉会对诺基亚的威胁毫无反应？而诺基亚又怎么会忽略掉三星的崛起？是因为这些事情细不可查，还是因为它们根本就无从观察？这些问题也许问得有些傻，但是假如这些变革的必要性果真都难以觉察，那么对于未能发觉一事，我们既无需自责，也不必责怪他人。然而事实上，在绝大多数情况下，这些变革的需求都是可以观察到的——只要我们看清它。再问一句，为什么我们会看不清？从根本上来说，我们之所以看不清，是因为我们被过去所见蒙蔽了双眼。

为了进一步解释，让我们重新回到摩托罗拉的案例。（顺便说一下，我并非有意要挑摩托罗拉的刺。无论如何它都不是错过重大挑战和机遇的唯一一家公司。在不同的时间，AT&T，Black&Decker，卡特彼勒（Caterpillar）、IBM、凯玛特、朗讯、美林、索尼、施乐等公司都曾因未能及时意识到变革的需要，而最终为此付出了昂贵的代价。摩托罗拉所面临的机遇和挑战并非难以觉察，但是直到为自己的踌躇付出了巨大的代价后，摩托罗拉才觉察、认知并承认这一切。而在一开始摩托罗拉就否认了这种威胁，并且在自己熟知且擅长的领域愈发努力（见图 2—1）。

为什么要否认呢？当种种迹象表明，那些在过去正确的战略、组织结构、技术以及产品到如今已变成错误的，为什么我们还要忽略甚至否认这些迹象呢？

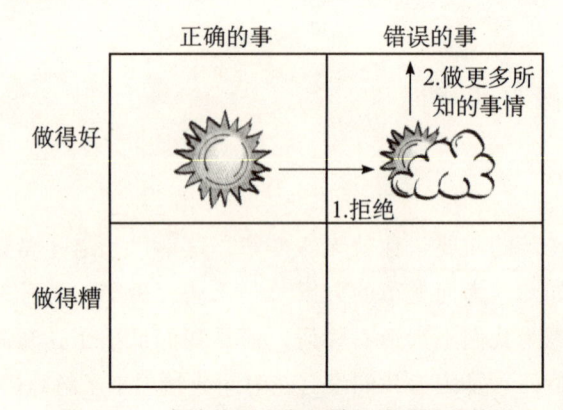

图 2—1　事情从正确变向错误的关键趋势图

记住，我们会忽略变革的需要往往是因为我们被过去已知的事情蒙蔽了双眼。基本上，所有的变革都事出有因，或源于环境，或源于历史。各案例中，在某些环境因素发生改变之前，无论是个人还是企业往往都在做对的事并且把它们做好。我们把事做好的能力和正确的事出现一样，都绝非偶然，而这种能力随着重复作业也在不断加强。同样地，我们用于指导方向的心智地图也日渐发展、巩固。正如野外徒步旅行时对地图的信任一样，我们运用这些心智地图指导自身的行为，而美国人的心智地图也指引着国家前进的方向和方式。举个例子，让我们来看看图 2—2。

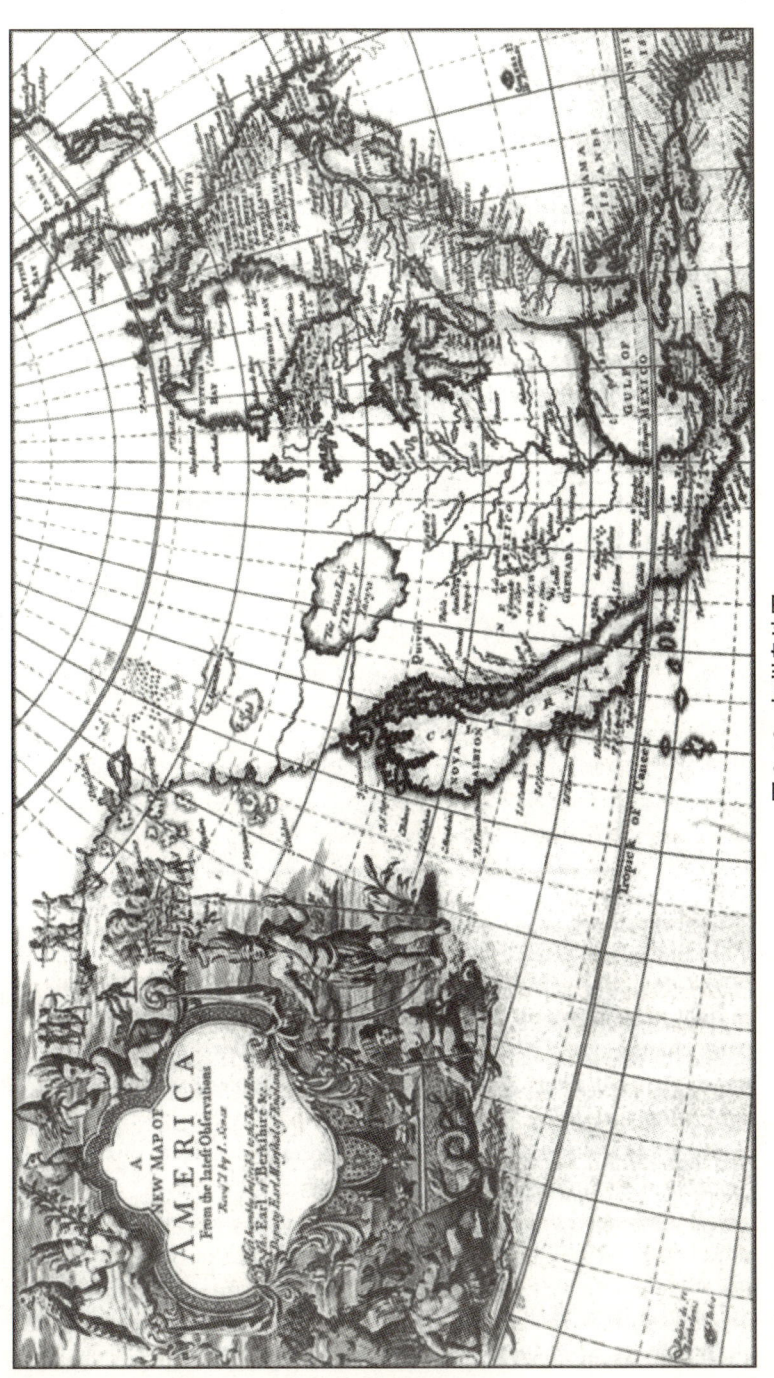

图 2—2 加州岛地图

这是加州岛的地图。很多人第一眼看到时会认为这是一张经历大地震——加州人所谓的"即将到来的大地震"之后的地图。而事实上，这不过是一张旧图。

几个世纪以来，欧洲人一直对拥有巨额财富的远方小岛的传说颇感迷恋。1541年，从西班牙启航的埃尔南·科尔特斯（Hernán Cortés）和探险家们，便发现了一座这样的小岛。科尔特斯穿越大西洋，随后在墨西哥登陆，再从加利福尼亚海峡（现在大家所知的巴加海湾）重新起航。最终，因为供给不足，船员人心惶惶，船队不得不返航。为了能更好地理解，我们有必要了解巴加海湾（也叫做科尔特斯海）长约1 000海里——1 600多公里，而今墨西哥州和巴加半岛两块陆地之间的风力微弱且时断时续，所以船速一直很慢。

科尔特斯不愿意接受失败，带着一点痴心妄想，他终究取得了成功。鉴于东面和西面是陆地，而南面和北面都是水域，科尔特斯得出了一个完全合乎逻辑的结论：他寻找到的是一个岛屿，一个由他所发现的小岛——加州岛。回到西班牙后，他汇报了国王和王后最想听到的（也是他相信的）：加利福尼亚是个岛屿。

科尔特斯结论得出后不久，另一次远航进一步证实了他的结论。这支船队一直沿着太平洋海岸航行，直至经过现今的旧金山。同样地，这支雄心壮志的队伍也为供给匮乏所困扰，而当他们到达北部加州海岸的门多西诺河时，船员们更是饱受坏血病的折磨。没有怀疑科尔特斯的发现，也没有明显的证据证明科尔特斯的观点是错误的，于是这支船队下了一个结论：门多西诺河是将北部加州从余下大陆分隔开来的一条海峡。

设想一下如果你带着这张地图，并在今天墨西哥湾沿岸东部的得克萨斯州登陆，目标是横跨大陆并到达加州岛，你会带上些什么呢？船？毫无疑问。你得乘船航行2 500多公里（1 500海里以上），穿过今天的得克萨斯州、新墨西哥州，以及亚利桑那州的沙漠，最终发现加利福尼亚州不是一个小岛。事实上，科尔特斯之后有一些探险队已经有了足够的证据证明加利福尼亚并非一个小岛。但是，加州岛的这张地图沿用了多少年呢？100年？150年？实际上远远不止，这张地图史上的神话在欧洲持续了逾两个世纪之久。直到 1745 西班牙皇室才最终宣布："加利福尼亚并不是一个小岛。"（要知道，殖民地美国不久后即宣布独立。）

更新这张地图为何会花费如此长的时间呢？因为一旦宣布加州是一个岛屿，其后探险者们的报告便会自动过滤一些信息以迎合现存的这张地图；任何相左的意见都会被贴上错误或者不可能的标签。在国王看来，这张地图极具效用。何必弃而不用呢？同样地，对于摩托罗拉来说，模拟手机长时间来都销售良好。黑色翻盖手机和持续的品牌形象或者直观的界面操纵并无太大关联，照样风行了 10 多年。摩托罗拉有什么理由要将其抛弃？

其实，这种现象并不仅限于企业，也绝非只有高管才受其影响。它可能发生在各种规模的公司、各个层次的职位。为了更好地理解这一点，我们得举一些个人的例子。

假设某人将从独立工作者转变为一位管理者。经理们往往会告诉我们这是最困难的事之一。为什么呢？很简单，作为一个独立工作者，你只需完成自己的工作。比如你是一名销售人员，你所做的就是外出、推销、成交。渐渐地，你便会在销售领域建立一套属于自己的工作方法。然而，作为销售部的经理，你必须实现从独立处理工作到组织他人完成工作的过渡以及从自我激励到推动他人的转变。因为情况已经发生了改变（你升职了），在之前显而易见正确的事（也就是独自做事），变成了一件错误的事，即使你仍旧擅长。

假如有一个人擅长在交往中明察秋毫，从未在公共场合使与自己意见相左的人感到尴尬，这种人在日本就会被认为是交际高手。凭借在东京数年的成功经验，这个人构建了一套错综复杂、技巧一流的人际交往指南。他的经验告诉他，在敏感的问题和任务上，那些不够圆滑老练的人往往不可信。随后，这个人被调往一个极富吸引力的新职位，该职位的工作地点位于墨尔本以南几公里。可惜的是，他苦心构建、多番试验的交往指南在澳大利亚根本行不通。他在交往中努力做到谨小慎微，但是当地人却认为他心口不一，因而不可靠。反过来，当当地人理所当然地"说出所想的，表达想说的"，他就会认为这些人不注重他人感受，不够成熟，太以自我为中心。毫不意外，工作无法顺利进行。这位经理迟迟未能领悟过去正确的事现在是错误的，而若想在这个迥异的全新环境中延续成功，必须做出重大的自我变革。

因此，第一条，也是最重要的一条。我们之所以未能觉察到变革的需要，是因为昔日成功光芒的掩盖。这些所谓的成功经验存在得越久，坚持它们的意义就越大，进而认识到变革的需要也就越困难。这不仅适用于企业的战略、技术之类的宏观问题，也适用于个人以及如何有效交流，并将信息反馈给他人等细节问题。

以自我为中心

我们不仅坚持自己既有的心智地图，还把这一地图置于世间万物的中心，这进一步扩大了"未能看见变革"这第一道思维障碍。为了更加形象地说明这个观点，让我们花几分钟画一幅世界地图。不需要太详尽，简单迅速地勾勒出几个大洲就好。现在如果你完成了，认真地看一下你画的地图。然后在地图的中央画一条线。你把线画在哪里了？它有没有贯穿大西洋？太平洋？它是从美国或者印度穿过，还是从欧洲或亚洲？我们邀请了世界各地的管理者们来做这个简单的测试，你应该能猜到结果。亚洲的高管们将自己所在的洲置于地图的中央，美国人也是如此，欧洲人也毫不例外。不管愿意与否，我们绝大多数人都习惯于以自我为中心。这不仅仅适应于心智地图，在实际绘图过程中亦是如此。

如果下次到了国外你想找点乐子，可以进书店逛逛，看一看由那个国家出版的世界地图。毫无疑问，本国被绘制在地图的中央。这种做法已经有了很长的历史了。也许古代霸主中国的一幅地图能给出最好的说明。构成中国名字的两个汉字，从字面上来理解就是"中心的"

或"中部的帝国"。正如图 2—3 所描绘的，中国自古以来就把自己置于世界的中心。

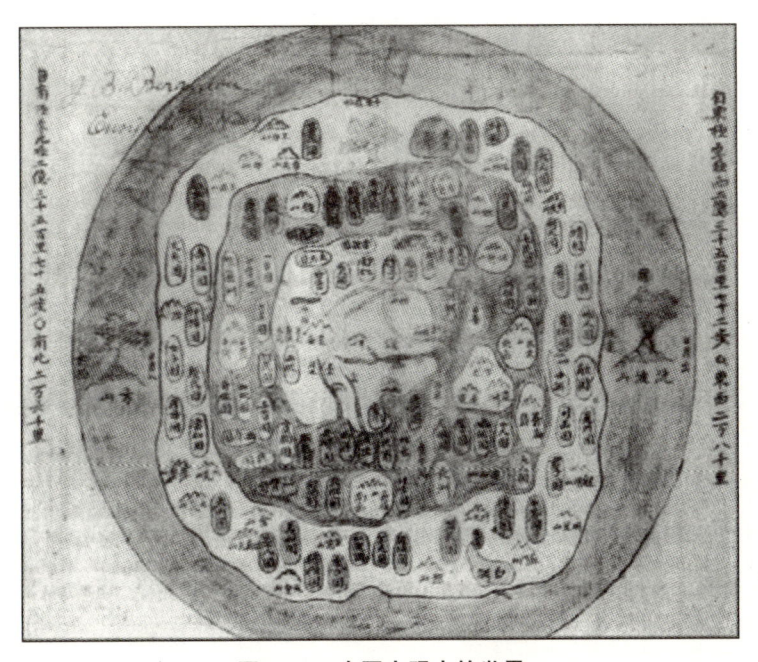

图 2—3　中国人眼中的世界

现在让我们看一个"绘图现象"的现代案例，以宜家（IKEA）为例。宜家的宗旨是：以最低的价格为消费者生产出美观、实用的产品，以此为更多的人创造更美好的生活。1951 年它在瑞典出版了第一本目录册。此后，宜家扩展到欧洲、北美、东南亚以及大洋洲的 22 个国家。2005 年，其销售额达到 180 亿美元。和公司的经营哲学及使命同步，其竞争策略以"生产价格低廉、美观实用、斯堪的纳维亚设计的家具用品"的价值理念为基准。标准化的程序和生产使得成本降低，进而提升了公司提供低价产品的能力。该战略在宜家的绝大部分产品，如窗帘、餐具上，都显得卓有成效。然而，当扩展到美国市场时，宜家在好几个项目——尤其是床和床单上，都遭受了重挫。

宜家在美国开展经营时，向各商店供应了低价、高品质、公制衡量的床以及床上用品，并大力宣传那些床有多棒——尤其是床长将近两米！宜家期望在欧洲取得的巨大成功能复制到美国。但事与愿违，最初的销售不尽人意。那么宜家对此如何回应？加强宣传。

宣传后的销售何如呢？这些床和床上用品很快成为积压仓库的滞销产品。当地的经销店和地区经理尝试和瑞典总部进行交流，说除非宜家的产品能比竞争对手的更加实惠，包括超大号床、大号床、普通双人床以及上下床，否则，那些公制衡量的床及床上用品在美国市场上根本没法卖出去。

对于当地的这种两难局面，宜家的高管——那些待在相差七个时区的总部的人们，是如何回答的呢？"加强创新。让更多的顾客进入你的商店。优秀的零售商们总能将这些公制寝具卖完。这就是库存问题的解决之道。"宜家的总裁安德斯·代尔维格（Anders Dahlvig）甚至借用了一句著名的话："我们无需去适应当地市场，无论是在中国、俄罗斯、曼哈顿还是伦敦，人们买的东西都是一样的。"① 因而尽管当地的销售商和区域经理做出多番努力，他们的瑞典老板始终坚持己见。那么这种以公制为计量单位的方式持续了多长时间呢？一个月？半年？一年？不，它坚持了两年多。最终，随着仓库的严重积压，这种公制衡量的床及寝具再也无法在美国市场上继续经营。经理们不得不宣布，胜者是特大号的床，是加大号的床，是普通双人床，甚至是上下床，但绝对不是公制衡量的宜家的床。

为何宜家始终坚持以公制来测量？源于此法曾创造辉煌历史。宜家擅长此道，他们以之为中心，为万事标准。企业的领导者们满脑子都是过去的成功经验，完全容不下其他。

尤其值得注意的一点是，当我们以自我为中心时，往往会扭曲周围的事物。"我们"被高度放大，而其他相关事物则被弱化、歪曲。这也使得美国只专注和重视符合自己观点的世界，而忽略甚至是无视不相符的（世界真正流行的观点）。

宜家大抵也如此。他们的 CEO 指出，"我们不需要去适应当地市

---

① 此话源自尼哥拉斯·乔治（Nicholas George），"我们的家具店适合所有人"。*Financial Times*，2001-02-08，p.11.

场"。此时宜家已经明确意识到了美国市场上的机遇和挑战，但依旧坚持自我，坚持公制衡量法才是世界的主流，其他的不过是陪衬。

正如先前所言，只要管用，你会始终坚持自己建立和接受的标准。宜家使用公制计量30多年来从未碰过钉子，欧洲市场一直通用，美国绝大部分产品也是采用此法。

例如，宜家的公制椅子在世界，包括在美国，都十分畅销。但鲜有美国人关心（或者说知道），宜家所出售的大部分椅子，从地板到坐垫都是0.78米高。这种公制的使用越广泛，你就越会以自我为中心。既然公制衡量的方法是世界的主流，又有数十亿美元的成功业绩作后盾，宜家的高管们为什么不去抵制这种变革呢？他们当然要抵制，而事实上也这样做了。

值得我们注意的是，这里所列举的多为大企业的案例，这会给我们留下只有大企业才会犯这种错误的印象。事实并非如此，我们常观察到个人也会遇到同样的问题。比如说，有一位在人际交往中崇尚"畅所欲言"的经理，他被派去处理一项国际事务。在他看来，"畅所欲言"是最能表达他个人（包括所在公司）理念的词语。做出决策、解决争端，以及彼此交流最好的办法就是表达出来，说出你所想的，表达你所说的。对此他进一步解释，沉默也是一种表达。如果你什么也不说，就表示你没什么可说。

这位来自加拿大亚伯达省的经理被派往泰国。然而泰国人的理念和这位经理的大相径庭。泰国人沉默，往往是有话要说。尤其在与别人意见相左时，他们更倾向于选择沉默。他们甚至会在心里说不（不同意）的时候，嘴上说是（同意）。不久后这位经理就发现了这一点。因为其后员工们的行为和先前的沉默显得不一致。随着类似经验的累积，这位经理得出了结论："泰国人心口不一，我不能相信他们所说的，很多人都不诚实、软弱，是两面派。和这样的员工共事，很难在这个国家取得什么成就。"他说对了，这家公司要想取得成功确实困难重重。但是使这家公司陷入困境的并非泰国员工，而是这位经理。

他的错误很大程度上归因于过分以自我为中心，同时歪曲和误解了周围的事物。依照他对泰国员工的理解，应该采取的行动方针就是把一些关键岗位的员工送去进行"畅所欲言"的培训。他大力推进这种自认为正确的方法。有趣的是,这些员工接受的培训越多,对所谓的"畅所欲言"反而越抵制,他们知道这一套对于泰国的下属们根本不起作用。他们不想一尝试就失败。毕竟现在是在曼谷,而不是卡尔加里①。

畅所欲言之于去泰国的那位经理,公制计量之于宜家,都是他们坚持的标准,是过去成功的经验。这些类似情景的相同之处是,无论是摩托罗拉、宜家还是那位经理,一旦曾经信仰的心智地图出现差错,他们的第一反应就是否认失败,并且在熟知的擅长领域投入加倍的努力。

歪曲我们的观念

正如前文所说,当我们以自我为中心时,往往会扭曲周围的事物。总的来说,这些扭曲的心智地图往往倾向于放大自身而弱化其他。这也很典型地反映了心理进程——放大你熟悉的,而缩小你不知道的,这甚至在绘制地图时也能看出来。在心智地图方面极端一点的结论是:你坚信自己无所不知,而即使真有不知道的,也认为那些是无关紧要的。

这些扭曲的心智地图是如何在测绘界得以体现的呢?请看图2—4——波士顿人眼里的美国地图。

如你所见,在波士顿人看来,鳕鱼角②面积巨大,而佛罗里达州与之相比则显得小得多。同样地,东部和东北部的部分地区合起来,比可怜的加利福尼亚州(尽管这个州已经被证实不是一个小岛)更是不知道大了多少。

---

① 卡尔加里,加拿大西南部城市。——译者注
② 鳕鱼角,位于美国马萨诸塞州的一个半岛。——译者注

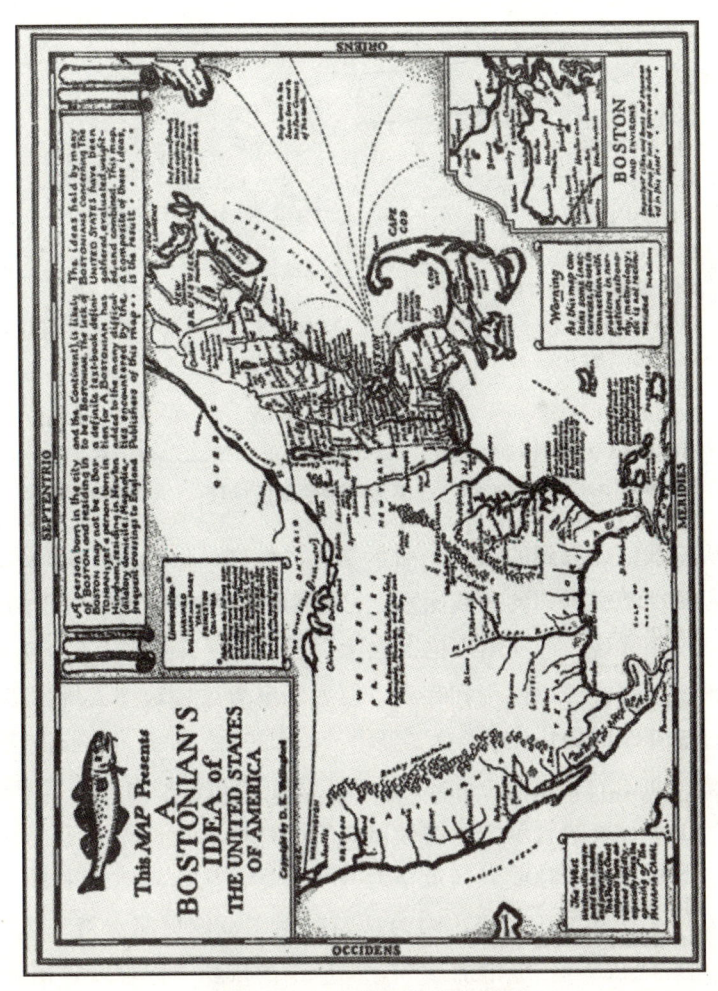

图 2—4 波士顿人眼中的美国

假设有部分波士顿的读者会不明白这幅图有什么不妥之处，我们再附上一张地图（图 2—5），这张图能更精确地描绘出上述各省的领域和面积。

这种现象并不仅仅局限于波士顿人，我们都经常会以这种方式歪曲实际地图和心智地图。例如邀请一些人画周边地区时，与整个社区相比，人们往往倾向于将自己所在的街道和房屋画得更大。

这种类型的错误很能引起人的兴趣，但关键是它是如何适用于商

图 2—5 更加精确的美国地图

界的呢？我们能得到的第一个启示是，尽管这种扭曲的心智地图有错误，但只要不去未知的领域探索，它就能继续发挥作用。对于图 2—4 的美国地图来说，即便出现错误也无关紧要——只要你住在新英格兰，这张地图就照样可以使用和存在。但如果拿着这幅地图去佛罗里达探险，计算开车时间，你就会发现事实远不是这么回事。比起波士顿人的那幅扭曲了的地图所告诉你的，你会发现穿过佛罗里达要费时得多。

第二个重要的启示是，这种扭曲的心智地图会使你故步自封。你为什么要离开波士顿或者新英格兰呢？毕竟，从这幅地图来看，家门外也没什么特别的。结果，因为这幅破地图，你更愿意待在家里了。而待在家里又讽刺性地增加这幅地图所谓的成功。你拿着这幅地图在家门口晃悠得越频繁，就越能感受到它的有用之处，从而更加确信以后不管去哪儿都得捎上它。事实上，长期拿着这幅地图不放，你会不断地失去了解地图不精确和错误之处的机会。

在商界发现类似的企业案例要相对容易些。一个有趣的例子就是家乐氏（Kellogg）公司。这家公司位于密歇根州的巴特尔克里克市，此前统治了美国人（尤其是孩子们）的早餐市场数十年。通过强化自己所知道的（美国市场的谷物早餐），而弱化不熟悉的（世界其他地方的产品），家乐氏形成了自己的一套理论。结果家乐氏新产品和新市场的构成如图 2—6 所示。

图 2—6　家乐氏的市场示意图

正如波士顿人过分夸大鳕鱼角的面积，对比图上其他的部分，家乐氏的示意图也极大地夸大了美国早餐市场的份额。这张示意图在家乐氏盛行了近 40 年。事实上，从这张图看来，家乐氏以外的产品和市场只有极小的份额，那开发海外市场或是新产品还有什么必要呢？那些小份额根本不值得担心。因此，家乐氏继续保持原样，守着自以为是的安全范围。

如果国内市场出现下滑趋势会发生什么呢？如果越来越多的人选择在路上而不是餐桌旁吃饭会怎样？如果同类产品的制造商改善谷物早餐的品质，同时价格比家乐氏低 20%～30%，又会导致怎样的结果？如果你是家乐氏的高管，你会怎么做？基于我们先前描述的模式，一开始你会极力否认！你会告诉自己，"不过是个偶然现象"。如果情况延续下去，你又会试着说服自己这仅仅发生在小部分市场上，没有必要为此辗转反侧。

当你已经无法否认下降的事实，眼见着销售额下滑进而被对手追平，你会怎么做？毫无疑问你会做你认为对的事。你会增加促销的费用（即给零售商用于推动产品销售的资金），以增加客观销量。家乐氏也是这么做的，但不幸的是这招并没有促进多少销量，反而使公司的收益受损。

基于家乐氏那张错误的示意图，你会开发新产品么？看看新产品的市场份额才多大！你当然不会开发，家乐氏也没有。从1983年到1991年，家乐氏没有开发任何新品种。尽管1964年公司曾经成功推出Pop-tarts[①]，但直到28年后的1992年，一种品牌为Nutrigrain的谷物条才被开发出来，而此前家乐氏没有成功推出任何一款新零食。

那会开发新市场么？基于那张错误的示意图，你会急不可耐地开发新市场么？同样，再看一次余下的市场份额才多少！在和家乐氏的高管们的交谈中，我了解到在20世纪八九十年代，有人指出家乐氏其实很大程度上已经步入了国际市场，公司在将近30个国家进行销售经营。但是如果你不是从进入的国家数量，而是通过收益和利润来衡量，你会发现，无论是在战略上、财务上还是销售重点上，都体现出了与这幅错误的示意图近乎完美的一致性：绝大部分的精力和资金都被投放在本土市场。

以家乐氏为例，让我们来回顾几个重点。

▶第一，一种心智地图有效并不等于它准确地反映了所有的事实。和整个早餐市场相比，美国的早餐市场并不像家乐氏的高管们所以为的那样大。

▶第二，只要你所注意的那片领域没有发生变革，而你又始终不走出你关注的那片被夸大了的领域，那么先前的心智地图即使错误也会持续运行良好。而且时间越长，你越确信它是科学的，是未被扭曲的。

▶第三，即使出现了今不如昔的危险信号，这种心智地图扭曲的本质也会诱使你固守在原地。毕竟如果非谷物类和非美国市场果真只占极小份额，也没有什么冒险的必要。

▶第四，即使有足够的证据显示市场在不断萎缩，而先前的理论是个彻底的错误，选择在已知的范围内愈发努力来应对危机，会比进入一个未知的领域受到的推力要大得多。正如家乐氏公司不选择在开发新产品或者开拓新市场上下力气，而是加大促销力度来扩大市场——

---

① Pop-tarts，家乐氏开发的一种甜霜饼。——译者注

样，我们总是更愿意把工夫花在已知的领域。

家乐氏被自己先前所知所束缚，以至于对机遇和危机都视而不见，直到换上新的心智地图领航人——新总裁卡洛斯·古铁雷斯（Carlos Gutierrez），情况才有所转变。在本书的后续章节，我们将继续研究家乐氏的案例，并为大家介绍家乐氏是如何转变其理念，进而起死回生为公司和股东创造财富的。

直立的地图

不管一种心智地图正确与否，它存在得越久，变革就越难。某种程度上来说，无论在测绘界还是商界，所有这些成功延续的心智地图都会呈现出一种所谓的终极特性。它们会引导一种"眼前所见即为唯一能见"的趋势。有句话值得我们一再强调：我们总是误以为看待事物的方式从过去到未来都只能始终如一。例如，观察图 2—7。很多人第一眼看到图 2—7 都会觉得地图放倒了。澳大利亚应该是"向下的"，而不是"向上的"。

但是试想一下，如果你是一个来自遥远星系的外星人，将飞船停在了月球上，此时看人类世界，北极还是理所当然地在上方么？在零重力条件下，澳大利亚处于上方或下方不是同样正常么？合乎逻辑的答案是："当然"。然而，当我们把这幅地图给世界各地的人们看时，却发现除了澳大利亚人觉得合理外，几乎所有的人都会把头歪向一边，以使地图看上去摆放正确。我们要记住的是，假如我们经常以某种方式看地图，最终我们便会相信这是看地图唯一正确的方法。我们高估美国早餐市场的时间越长，就越容易相信这是看待世界市场的正确角度。我们越坚持公制衡量的床才是世界通用的，就越容易把这种床看成是全球唯一的。我们越把有效人际交流的方式局限在"说出所想的，

图 2—7 澳大利亚人看世界

表达想说的"，就越容易觉得不管身处何处这都是最正确的交往方式。随着时间的流逝，任何地图都会变成唯一"正确"的地图。渐渐地，我们就会丧失从其他角度看待事物的能力。

综述

本章的重点清晰易懂。首先，要想突破声音的障碍，我们得了解超声波的威力——正是超声波使得飞机无法超越声速。同样的，要想突破"变革"这个思维障碍，我们必须认识到，除非人们认识到变革的重要性，否则他们会一直保持原状。而遗憾的是，由于遵循先例太久，我们往往会被笼罩在它的光环里，而无法意识到需要进行变革。

第二，我们必须明白，即使人们建立了一套成功的心智地图，也不能说它是毫无瑕疵的。就像在实际绘图中，人们往往喜欢把自己置于图纸的中央，同时经由强化自己知道的，弱化未知的，进而导致观点扭曲。而这些心智地图使用得越久，人们就越会把它当做唯一的心智地图，而不是某一个心智地图。除非我们能了解这些所谓的心智地图的实质，否则我们始终无法突破第一道思维障碍。并非因为我们看不到障碍，而是因为很多时候我们都低估了障碍的力量。

这里我还要强调一点，当我们提到"我们"的时候，这个"我们"是指所有人。这种现象并不仅仅局限于那些机构臃肿、作风官僚的跨国巨头，当然也不仅仅包括那些在公司顶层高处不胜寒的高管们。也许你会自我安慰地想"看不到"这种问题只会出现在别人身上，而你肯定能看到。可惜的是，正如那些方便食品只有一时之效，而不能提供长期的营养一样，这种自我欺骗的想法最后会使美国一无所有。那些发生在摩托罗拉、大英百科全书、调往墨尔本的高管和空降泰国的经理身上的事情，是极有可能发生在我们所有人身上的。我们其实都很脆弱，因为这种对机遇和挑战的忽视是整个人类的通病，它和你重要或伟大与否并无关联。

It
Starts
With One

第三章　突破第一道障碍的方法和工具：帮助人们看到变革的需要

当人们很盲目的时候，你要如何帮助他们看到变革的需要？如何使他们突破过去的心智地图的障碍？解决的办法分为两个方面：对比和面对。

这两点都是我们认识客观物体的基本方法。需要从形状、亮度以及颜色来对物体进行区分。如果去掉颜色或者形状的差异，切断光源，你还能看到什么呢？什么都看不到。物体还在那里，但是没有对比我们却看不到了。此外，比起视野内靠边的事物，我们对正处眼前的事物印象往往更加深刻。虽然在个人和组织的变革上，似乎与我们谈论如何识别物体毫无关联，但正是这两个因素，能有力地帮助我们看清心智地图和新的商业现实。

对比

对比是人眼区分不同物体的关键方式。它来自形状、亮度和颜色的不同组合。这页纸上的字之所以能显现出来是因为黑与白的对比。这个道理如此简单以至于我们总认为它是理所当然的。注意看图3—1，从左至右观察图中圆圈对比的渐变。

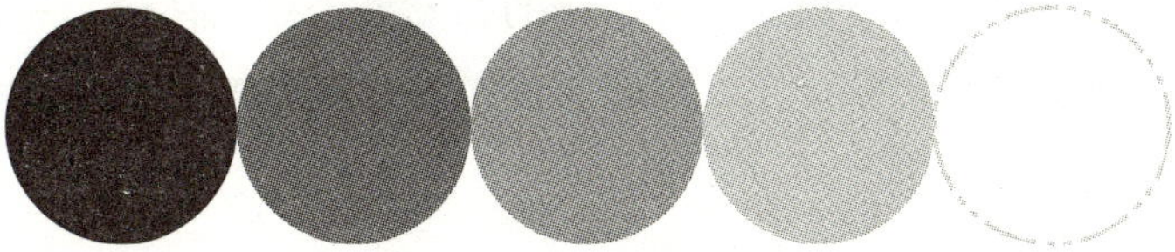

图 3—1　对比的效果

在这个简单的实验里，对比的不同程度一目了然。而在复杂的机构设置中，往往有众多相关因素，人们只会选择性地关注容易觉察的，比如过去和现在相似（以及熟悉）的地方，而不是相异之处。结果，人们因此忽视了关键的对比，从而不能明白为何过去运转良好的东西在将来却是负担。战胜变革障碍的第二个关键方法呼之欲出——面对。

面对

正因为所面对的和组织、商业有关的现实如此复杂，对于过去和未来心智地图的明显变化，我们往往会忽视或者视而不见。这也是为什么总是有人（事实上也包括我们自己）不明白诸如战略、组织结构、文化价值、程序、技术、个人领导风格、交流方式等等会改变的原因。进一步说，很多人不能轻易看到这些对比之处，是因为尽管"证据"确凿，我们却无法使这些对比之处在脑中形象化。正如我们要求你观察前面的圆圈对比图，领导者们也必须面对下属，并从过去、现在和未来的角度进行关键对比。

面对的实质越简单越有力。正如人们对于直接放在面前的物体总是看得最清楚，那些亲身经历也往往更加记忆深刻。为什么？我们脑中那些形象而深刻的影像是由直接的物理特性感知组成。很简单，所包含的感觉（看、听、摸、尝、闻）越多，脑中留下的印象就越深。因此，我们在这里使用"面对"（confrontation）这个词，并不是从争吵的角度来释义，而是描述一种新奇的、充满诱惑的体验。更简单一点说，对于面对的程度，你可以参照前面对比试验的物理感知程度来理解。

结合对比和面对

图3—2描述了战胜第一道障碍——未能看见变革的需要时，对比和面对为何如此重要。

图3—2 对比和面对的结合

如果人们既感受不到对比又不愿意面对，那对变革的努力就只是浪费时间、金钱和精力。如果对于现在和未来的不同之处一无所知，仅仅留下一些邮件来空谈变革，这种低程度的对比和面对根本无法使人们看到变革的需要，毫无疑问，人们也不会有所变革。

如果对比的感受很深，但是面对的经历不够，那这个过程就像是经历一场游行。人们对那些不同之处发出"噢"、"啊"的短暂惊呼声，但当游行过去后，他们又会回到之前的轨道。你确实会看到一些新战略或新组织结构能够短暂地吸引人们的注意力，但由于人们并没有亲身感受到这些对比，而仅仅是读了一封邮件或者听了一场相关讲座，这种类似游行的方式并不能使人们亲历其中，最终也无法突破第一道障碍。

相反地，如果面对的经历很高，但是感受不到对比，就会有对着一双旧鞋的感觉。无论是闻是看都可以明显感觉到鞋已破旧，你注意到了它，但是日复一日，这始终都是一双又旧又舒服的鞋，新鞋子是什么样的呢？又有什么不同？为什么要有变化？参与其中却不明白对比之处在哪里，也很难取得突破，看到变革的需要。

成功的关键是有亲身面对的经历，并同时体验到对比之处。可惜的是，这件事情也是说起来容易做起来难，因为经理们普遍会犯两个错误。

第一个错误：过于全面

为了列出更多的对比，很多领导者都会犯第一个错误，我们把它叫作过于全面的错误。这个错误发生在当领导者们试着描述昔日和未来的对比时，总以过于详尽和复杂的说明来结束。当呈现在眼前的是过去和现在（或者未来）的复杂描述时，这种复杂性事实上容易让雇员们将注意力集中在简单的事务上，而忽视了其余关键。因为人们习惯于坚持眼下的，他们很可能将心思集中在相似点，而非不同点上。为什么？相似点能进一步巩固过去的心智地图，而不同点却会对过去产生威胁。如果展示得过于复杂，人们就会有选择地关注他们想看到的，从而得出结论："事情并没有变得大不相同，我没有变革的必要"。

这里需要记住的一点是，你所提供的描述越复杂，人们能选择去关注的细节就越多，而这样会提高他们选择错误因素的概率，从而不能明确正确的方向。

是什么导致了领导者们普遍犯下过于全面的错误呢？某种程度上来说，源于领导者们明白现实的复杂性，同时又不希望自己显得头脑简单。结果，他们列出清单，大肆讨论"我们要进行变革的无数条理由"。某种程度上来说，这种做法能被理解和体谅，但是在我们的实际经验中，这个导致第一个错误的罪魁祸首却并不让人喜欢。在大多数案例中，这类错误和"反映复杂现实"的美好愿望并没有太大关联，反倒是和领导者的无能或者不情愿有关，他们不能了解事情的核心。不把时间和精力花在能解决80%问题的关键的20%因素上，却宁可简单地选择把所有因素列出来。因为比起分辨清单上最有影响力的因素，花在列出所有相关因素上的时间和精力要少得多。把这种错误称之为"过于全面的错误"过于客气，或许我们应该改为"细目清单式错误"。

第二个错误："我明白了"

即使作为领导者的我们能成功避免第一个错误（过于全面的错误），还有第二个圈套——"我明白了"的错误，等着我们掉进去。这个错误很简单，即认为你明白了，那别人也能明白。

当说到"你"的时候，我指的是所有人。没有人可以完全避免这个错误。为什么呢？答案是我们过于自信。我这么说是什么意思？实际上尽管现在我们能看到和明白一些事情，但是更早的时候我们却一无所知。事实上，当我们第一次接触事物的时候，很少有人能看清或者直接了解它们。而在花费了时间来明白和解决问题后，我们往往会过于自信而忘记曾为此花了多少时间和精力。因为一旦我们明白了，就是真的明白。一旦问题各个部分的中枢神经得以连接，解决之道也会随之在脑中闪现，它们是相互联系的。一旦我们踏平杂树丛，道路便清晰可见。而随着内部反射的增多，神经中枢铺成的泥泞之路也会随之完工。当这些中枢神经的道路铺设好后，我们就能将所有关键点连接，从而事半功倍。整个画面非常清晰，一目了然。事实上，我们经常会想，既然这么明显，为什么一开始却没看到呢？这是因为当我们获得解决之道后，却抹杀了如何到达以及花了多少时间和精力的相关记忆。我们忘记了拨开重重疑云来了解变革的需要和需要什么变革时，有一段时间我们甚至对何去何从都一无所知。

　　结果，我们认为只要向其他人提一次变革的需要，他们就会了解。对于新的观点、战略、组织结构、技术等的需要是如此明显，难道还需要我们重复？在咨询过程中，我们多次听到领导者们问如下相似的问题："他们难道没有听我说？我在那天的报告上全部都解释了。他们是傻子么？"理所当然，答案是否定的。问题在于要想使别人全身心投入，你需要通过多种渠道、多种感觉、多次机会来连续传递信息。无论我们需要变革的是什么，很少有人一听就懂。事实上，对于大多数人来说，看到的不一定会相信，只有亲身经历了才值得相信。而亲身经历又需要去听、闻、摸、尝、看。关键的一点就是，我们所有人都过于自信，从而忘记了在最终明白之前，我们曾经多少次地关注某个机遇或挑战，我们从多少个角度对它进行了探索，我们又花费过多少时间来思考。我们忘记了理解之前的整个过程，因而会认为凡事讲述一遍便足够了。事实上并非如此，也永远不会如此。

创造强烈的对比和面对的机会

　　把这两个常犯的错误熟记于心后，我们可以把注意力转移到如何创造强烈的对比和面对的机会上。由于基本的理论相对浅显直接，我们将会在下文中举些例子，以求更加生动地阐述。

20/80法则

我们在描绘现状时总倾向于将其变得过于复杂和广泛，而有效的对比却要求领导者们将注意力集中在核心的20％上。现实本身非常复杂，处在这种复杂性中，我们很容易错失那些重要的对比。因此，领导者们必须简化和专注于几个重要的不同之处。而其中的关键是分辨出这些重要之处。这种分辨核心对比的能力，正是使那些善于改革的领导者们得以鹤立鸡群的地方。

我们先暂时假设你正服务于一家在信号处理方面居于领先地位的QuadQ公司（虚构的），公司产品主要用于医疗保健行业。科研人员和医院的专家使用你们的产品进行诊断治疗以及细胞和血液的化学分析。QuadQ公司在模拟技术上长期领先，然后市场发生了改变：

● 第一，数字信号处理作为一个竞争性的技术平台出现。然而在最初，它并没有体现出能够挑战模拟技术的潜力。

● 第二，真正的消费者开始发生变化。越来越多的诊断和分析是由诊所的技师完成，而不只局限于那些大型研究所或者教学医院的医学或公共卫生学博士。

● 第三，将各种独立的测试和分析融合为一种综合的诊断测试系统，已逐渐成为一种趋势。"为顾客提供解决方案，而不仅仅是几个盒子"也成为了业内的流行语。

当这些改变的征兆出现时，公司的很多研究者们都拒绝接收这个讯号。他们只是在模拟技术的用户化方面更加努力。不过一两年内，

第三章
突破第一道障碍的方法和工具：帮助人们看到变革的需要

你就能清楚地知道数字信号处理技术才是领先的技术，特别是在将你的产品融合成为一个更大的技术包方面尤其突出。你也逐渐明白，这项数字技术意在简化你产品的使用方法，从而使那些不够专业的顾客也能操纵设备。

你要怎样有效创造一个强烈的对比以震撼你的雇员们，使他们从过去的辉煌梦中醒过来？首先，你得把核心挖掘出来。过去和未来的核心对比是什么？显然，QuadQ 公司正处于一个复杂的环境，但如果管理者们将环境也描绘得过于复杂的话，毫无疑问会影响员工们看到关键对比。

QuadQ 公司所处的环境很复杂，但关键的对比点有五个：技术、战略、顾客、竞争力和关系。看起来简单，我们还是需要牢记住十点（对照两个项目的五个方面）。表 3—1 的中的矩阵能使对比更加明显。

表 3—1　　　　QuadQ 公司环境变化的核心

项目	旧	新
技术	模拟	数字
战略	制造技术领先的设备	提供技术先进的方案
顾客	医院和研究中心 熟练的医生和研究者	诊所和实验室 不太专业的技师
核心竞争力	科学技术方面的才华	团队合作
部门关系	自主独立	合作和竞争

你需要做的第二件事就是在描述上扩大差异，从而强化对比。现实也许并没有如此黑白分明，但是对比越大，雇员们就越容易意识到两者的不同点和变革的迫切需要。

除了关注于核心对比，你还需要了解一些有关视觉和记忆的基本知识。研究表明，你在人们脑中创造的图像（而不是文字）越精彩，他们回想起相关信息就越容易。尽管表 3—1 中的矩阵需要你的理性分析，但是还有一些东西不可或缺，即一些更加直观的东西。为此，你需要绘制一幅简单的示意图来进行新旧对比，如图 3—3。

这些心智地图说明，在过去，才华横溢的科学家们发明技术领先的模拟设备，仅供专业用户使用，这是旧的心智地图。在新的心智地

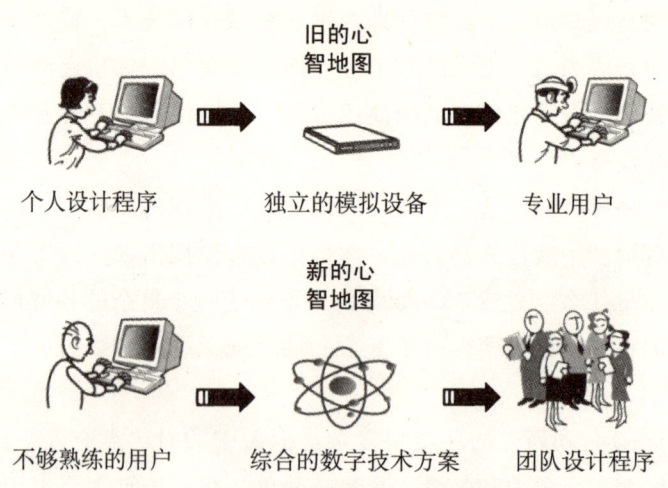

```
                          旧的心
                          智地图

  [个人设计程序]    →    [独立的模拟设备]    →    [专业用户]

                          新的心
                          智地图

  [不够熟练的用户]  →   [综合的数字技术方案]  →   [团队设计程序]
```

图3—3　QuadQ公司的新旧心智地图对比

图中，所需要的组合产品则更多地针对逐渐庞大但不那么专业的顾客们，而非医生和专业研究人员。为了他们，QuadQ公司将会研究更多的综合数字技术方案，而不仅仅是一些设备。最后一点，比起依赖公司研究人员的个人才华，未来更加需要的是由技术、市场以及生产人员组成的跨领域团队，来设计和开发新的解决方案。

总结一下，你可以采用三个措施来创造强烈的对比：

- 关注差异中核心的20%。
- 加大（甚至是夸大）新旧局势的差别。
- 用一些直观的示意图或者图画，而不仅仅是用文字来进行新旧对比，以使得对比更容易被人们理解。

增强对比的工具

20/80规则说起来容易做起来难，我们开发了一些简单的工具来使其付诸实践。这个工具（见表3—2）由一系列基本问题构成，旨在揭示由关键对比组成的核心领域中较为普遍的部分。

显然，相关的问题并非仅限于此，但人们只要花了一些时间来回答这些问题，就足以促使他们开动脑筋跳出当前心智地图的陷阱，并开始探索新的选择。而一旦人们改变心智范围，大量的对比就会涌现。事实上，通常在这套程序启动后，许多对比就会随之变得清晰起来。在重新整理需要变革的方面时，我们的任务是找出表3—1中所列出的每一个核心区域中的潜在对比，越多越好。

表3—2　　　　　　　　加强对比的工具

核心区域	关键问题	重要对比
顾客	当前顾客偏好有改变吗？ 最终消费者改变了吗？ 有没有新的消费者出现？	
竞争	竞争者有没有改变价值理念？ 竞争者有没有获得或者失去特别的竞争优势？ 有新的竞争者出现吗？	
技术	当下有什么新技术领先于我们吗？ 有什么潜在的替代技术即将出现么吗？ 有什么新技术出现？	
产品/服务	当下提供的产品和服务发生变化了吗？ 价值理念有什么变化？ 有新产品出现吗？	

下一个步骤和任务就是把这些对比概括为几个关键的因素——能描绘全局80%的占20%的核心，你可以将这些要素挑选出来建立一个简单的矩阵（见表3—3），它能帮助其他人看清楚最重要的对比。

表3—3　　　　　　　　对比汇编工具

核心区域	重要对比	
	过去	未来
顾客		
竞争		
技术		
产品/服务		

显然，找出新旧对比只是关键的第一步。而要想避免"我明白了"的错误，对这些对比仅仅做一次讨论远远不够。为了保证对问题面对的程度够高，以使这些对比被深入了解，我们还需要更多体验性的参与。

"不可避免的经历"包含两个方面。注意，第一个是不可避免。即这种经历对于个人来说，在客观上无法避免，同时意识上也无法回避或者忽视。第二，这种经历必须亲自体验。这也许听上去有些多余，但这种经历确实不能局限在思想上。它需要涵盖尽可能多的感觉——触觉、嗅觉、视觉、听觉、味觉。正如先前所说，我们从大量的科学文献中得知，包含的感觉越多，参与的程度越高，取得的效果就越明显——学到的越多，保留的也越多。

我们回到 QuadQ 公司的案例来解释。作为一个 CEO，你很擅长找出对比之处，但同时你也得保证有效的参与。这一条信息值得重复——要频繁地强调。此外，你还需要制造一些无法避免的经历。要怎么做呢？也许从三星电子的 CEO 身上你能学到些什么。

三星电子是韩国最大的综合性企业旗下的子公司。在韩国，三星电子是一家在很多方面都领先的电子产品公司。它以消费者为导向，占有最大的市场份额，产品质量极佳。公司习惯于用特定的方式经营。很多产品的经营和销售在韩国行之有效，但到了美国后却并不顺利。他们的 CEO 深信三星在海内外应该以不同方式经营，但是这一点却并没有被韩国的高管们所理解。因此这位 CEO 就创造了一次无可回避的经历。他让 50 多个高管乘上飞机，一起去参观美国的商铺。

对比是惊人的。韩国的电子产品在小商店中出售，而美国则是在大型商场里。在韩国，三星电子的产品都陈列在最好的销售架上，而在美国，却被放置在清仓处理库内，不仅处在行业领先者如索尼之后，甚至不如二级制造商松下。三星的管理者们看到他们的产品陈列的场所，用手擦拭着产品上的灰尘，听着顾客们兴奋地讨论着竞争对手产品的特点，品尝着竞争对手在美国的领先地位所带来的嫉妒。三星品牌在韩国国内备受尊崇，在美国的上流社会却不是。

三星的管理者们无法回避这种体验。整个团体踏入一家又一家的

第三章
突破第一道障碍的方法和工具：帮助人们看到变革的需要

商场后，这种滋味更是重复了无数遍。他们身处其中无法逃避，结果，这种对比最终带来了强烈的效果。

作为 QuadQ 公司的 CEO，你也可以做一些类似的事情。你必须创造一种无可避免的体验。仅仅谈论那些对比之处的话，即使不断重复，也是远远不够的。你能做些什么呢？让我们回到三星的例子来了解一些关键措施。

第一，首要目标就是让人们处于不可逃避的经历之中，使他们面对那些最重要、最有力的对比。因此，你必须决定这次体验要关注哪些方面。正如错综复杂的状态可能导致对比的成效大打折扣一样，过于复杂以及不够集中的经历也会影响亲自体验的效果。在三星的案例中，哪个核心的对比最能冲击高管们的眼球呢？是对待产品的态度。夸张一点说，在韩国，三星的产品都是由售货员戴着手套恭敬地呈献给顾客们的。但在美国，却随便被扔到处理仓库中，上面摆上一块牌子——"清仓出售"。

那对于 QuadQ 公司来说，哪个关键的对比最能吸引雇员，尤其是那些研究人员的注意呢？顾客！QuadQ 公司的研究人员们早已习惯和博士或科学家之类的顾客交往，并为这些人设计专业的设备。那么如果你让那些有博士头衔的科学家们，面对一位仅有大专文凭，染一头耀眼的紫发，还穿着鼻环的技师型顾客，会发生什么？更重要的是，如果你面前坐着的顾客缺乏正规教育，他正使用你们公司旧的模拟产品进行分析诊断，而研究所的科学家们被强迫着听这位顾客对公司产品的强烈抱怨，又会发生什么呢？这位技师顾客不会熟练地输入指令，他只想下拉菜单，敲入几个简单的词语，而不是专业术语。这种对比带有极大的强制性，无可避免。带来的震惊结果正是公司的职员们所需要的，你获得了战胜那张旧式模拟心智地图的力量，而它已统治了公司成功之路长达 40 年。

总结一下，创造效果显著的经历有五个步骤：
1. 一遍又一遍地重复新旧心智地图的信息。
2. 创造一次效果显著而又无法逃避的经历。
3. 把这次经历集中在你认为核心的对比上。不要让复杂性冲淡了效果。

4. 确保这次经历中包含了尽可能多的感受。很少有什么能替代这种生动且全心参与的行动。

5. 能从实际上确保人们不能轻易回避体验,而且从眼睛(耳朵、鼻子、嘴巴、手)上要受到冲击。

更多的例子

让我们提供一些更加贴近生活的例子来进行进一步阐述,同时巩固好突破第一道障碍的关键方法——对比和面对。

不久之前,一位叫汤姆·亚历山大(Tom Alexander)的同事接管了惠普的一个大工程。他的任务就是帮助惠普生产出成本为49美元的打印机,以使零售价控制在100美元以下。任务听上去简单,但事实上惠普最便宜的打印机成本也需79美元。更重要的是,这个项目从概念到进入商店需在三年完成,比惠普的最快纪录还要快18个月。几乎所有的工程师都说这不可能办到。为什么呢?"我们之前从来没有做到过,而且连我们都无法完成的话,还有谁能做到?"此外,惠普一向以高品质著称,这在很大程度上帮助公司取得了打印机市场的统治地位。但是高品质往往伴随高成本,虽然此前顾客们愿意为高品质买单。

然而,利盟(Lexmark)推出了一款100美元以下的打印机,使得市场份额翻倍,达到14%。惠普的工程师们却说利盟的这款打印机肯定亏本,因为惠普都不能制造出49美元的打印机,利盟肯定不能。

汤姆·亚历山大是如何提供有效对比和面对的机会,以使员工们突破障碍了解到变革的需要的呢?他又是如何既顶住竞争对手利盟的威胁,同时还抓住增长的机会?极富创意地,他拿了一台惠普的打印机,把它放在房间的中央,然后将自己逾200磅的体重"堆"在上面。

对比是什么？一台 250 美元可以当踏凳的惠普打印机和一台普通的打印机。不管怎样，没有几个顾客会想："我不想要一台售价 100 美元的利盟打印机，我需要的是 250 美元的惠普打印机，因为可以当踏凳够到更高的架子"。哪些相关的工程费用和原材料是花在这台打印机的坚固方面，以使它能当作踏凳，承载一个 200 多磅重的人呢？这一招带来了强烈的对比。

汤姆·亚历山大又是如何创造无可避免的经历的呢？他静静地站在房子的中央。员工们可以看到他，可以听到他站在那儿时周围的静寂，甚至能感觉到打印机的坚固。

在鸦雀无声的环境中站立良久后，工程师们明白了。通过这个办法，汤姆突破了第一道障碍从而使员工们看到了变革的需要。疯狂，你们会这么说。但是结果更疯狂。惠普立即在这个工程上投入 10 多亿美元（其中 1 亿 2 500 万美元用于研发，9 亿用于生产，2 亿用于市场营销）。取得的结果令人叹为观止。2002 年新的生产线建成后，惠普就增加了 20 个点的市场份额。而到了当年的第四季度，惠普的销售额增长 12% 后达到 56 亿美元，利润额更是增长了将近 15%。

让我们再看一个极具启发性的例子。20 世纪 90 年代，在拥有世界最大市场的美国，增长最快同时盈利也最多的交通工具就是全型卡车和 SUV（运动型多功能车）。丰田美国公司的高管们观察到了这一点，希望能抓住这个机会，在 8 缸引擎的全型卡车上大展身手。但日本总部的高管们却并不认可这样的机会。他们认为买这些卡车的顾客一般为建筑工人、大牧场主、大农场主——而不是丰田公司的传统顾客，而丰田的客户群主要是中产阶级。无论是使用 PPT 陈述还是 Excel 数据表格，都无法帮助日本的高管们看到变革的需要。那么美国的丰田高管们又是如何突破这个顽固的思维障碍的呢？

答案源于美国的橄榄球比赛。为了显示对比，他们把日本总部的高管们带去看达拉斯牛仔队的橄榄球比赛。任何看过美国大学联赛或专业橄榄球赛的人都知道，比赛前的两三个小时会举行什么活动：球迷场外野餐会。

球迷们出现在停车场，放下卡车的后挡板，然后烧烤、吃东西、开party。那么从卡车里头出来的都是些什么人呢？与日本总部的高管们所预想的建筑工人、大牧场主不同，出现在停车场的多是中产阶级家庭和个人。这项对比通过亲身实践被深深映入脑海。这些高管们被带到球迷野餐会的现场，看、听、摸、闻，甚至尝到这些对比。这种体验无可回避。

疯狂。但是结果更疯狂。在1999年7月，皮卡（Tundra）刚推出一个月，丰田公司就售出了8 000台。皮卡成为丰田公司首月销售量最高的车型。此后，其销量就一路猛增，到2005年已累计销售了127 000多台。而2007年推出的全新皮卡预计销量将达到200 000台。尽管丰田公司没有发布每辆车盈利的数据，但是高管们肯定会承认皮卡是盈利最多的车型之一。

综述

对比和面对是突破第一道思维障碍的两大关键。虽然我们并没有明确说出来，但你一定能感觉到，要想变革牢固的旧思想，对旧有的心智地图必须有强烈的冲击。最后，让我们把这一点说得更清晰无误：一张心智地图存在得越久，拥有的辉煌越多，从中解放思想所需要的冲击就越大。

为了证明这一点，来思考一些个人的、管理上的心智地图，而不仅限于组织的。大多数管理者成长于固定的国家和文化——德国、澳大利亚、日本或者印度。他们形成了自己的体系，能成功地联系、激励、改正、表扬、面对、领导人们。在不得不和来自多个国家和文化的人们交往之前，这一套都能行之有效。最近，一位叫艾伦·莫里森（Allen Morrison）的同事和我们一起进行了一项研究，回顾这段经历有助于我们提高有效领导的能力，从而在全球化的环境下与不同国家的顾客、供应商以及雇员们更有效地合作。当我们询问来自欧洲、北美、亚洲55个不同公司的130多位高管，在帮助他们提高全球领导能力方面最重要和最有影响的经历是什么时，80％的人给出了同样的答案。尽管这些高管们彼此差异巨大（不同的国籍、工作经历、行业等等），答案却有着惊人的一致性。80％的高管认为处理国际事务最能影响他们的职业生涯。为什么？

接下来的这个例子能给出答案。不久前，同事艾伦·莫里森和我们一起出差到日本参加一个国际管理会议。三个人中斯图尔特·布莱克曾经在日本工作和居住过，因此他决定带我们去传统的日本餐馆吃饭。作为一个对跨国文化十分敏感的人，他在饭前向我们简单地介绍了当地的餐馆和基本礼仪。绝大部分的日本传统餐馆都有相似的入口。由一张薄的拉门和另一边的入口处组成，拉门由木头和玻璃制成。滑动装置在门的底部，也是木制，通常是凸出式。因此他告诉我们进入餐馆时要小心踏过滑槽。接着他又提到一个小小的凹进去的房间，叫作玄关。在进去之前要把鞋子脱下。

在找到一个合意的传统餐馆后，斯图尔特拉开滑门，小心踏入。和斯图尔特差不多高的艾伦也随后进入，认真地注意着脚下的滑槽。随后在场的人都听见入口处传来一阵巨响，响彻整个餐馆。里面的人都转过头来看发生了什么——哈尔目睹两个同事轻易地就进去了，决定快一点进入，结果接近6英尺5英寸（约为2米）的身高使他的头重重地撞在门框上。哈尔差点给撞晕了，巨大的回响使餐馆里的人怀疑是不是发生了地震。

故事最有趣的部分发生在第二天，三人组又去另一家传统的日本餐馆吃饭，结果又发生了同样的事情。哈尔的头上当时就冒出了一个对称的肿块。直到第三次哈尔才记住进门要把头弯下来。在头遭受两次重击后，哈尔终于调整了他的心智地图——掌握成功进入传统的日本餐馆的正确方法。

我们很多人都和哈尔一样，头脑要受到重大冲击，甚至还不止一次，才明白应该如何调整原先的观念——我们曾经的心智地图。头上的重击并不愉快，甚至会伤到我们，但却是必需的。

不同于短途旅行，国际事务总会遇到严重的冲击。即便在日常活动中也会面临无法用过去的方法解决的管理问题。我们不可能在宾馆的房间里躲上三年，总会有碰到头的时候——撞得重，还不只一次。正是这些惨痛的教训使得我们采访的全球领导者们变革策略。这也是80％的领导者把处理国际事务当作最重要的成长经验的原因。

这个观点并不是说每个人都要参与到国际事务中（但如果你想成为一名环球领袖的话就必须认真思考了），事实上这个观点是想说明，要想将过去那些难以改变的心智地图从脑中移出，由对比和经历所带来的痛击是必需的。这些惨痛的教训使得我们看到过去心智地图的局限，同时也帮助我们应对环境的变化。最后，我们必须扩展和调整我们的心智地图——也许会一样的疼痛。

It Starts With One

第四章　第二道障碍：未能行动

在上一章中，我们把你选为 QuadQ 信号处理公司的 CEO。现在我们希望你回到那个角色。回想一下，最初产品进入的是医疗保健行业，由科研人员和医院专家使用，进行诊断治疗、细胞和血液的化学分析。公司的模拟技术已经在行业中领先多年。然而，数字技术取代了模拟技术的领先地位，顾客也由专业用户变为一般技师，产品更是从单机设备转换为综合方案。

最终，在清楚表达了核心对比，以及使关键研究人员面对新型顾客后，公司绝大部分的科研技术团队都"投降"了。他们举起双手宣布：未来属于数字处理技术，他们原先所知道的世界运转规则已被打破。你所运用的矩阵、图片以及客户交流经验对他们产生了极大的影响。你甚至进行了一次表达观点的演讲：

> 伙计们，现在我们面对的是一个全新的世界。数字信息技术已经取代了模拟技术的领先地位。我们的战略和竞争优势一直都是我们领先的技术，因此我们必须迎接这项新技术。此外，我们的顾客从医院熟练的医生和专家们转变为诊所人员及技师，而由于这项改变，我们的产品必须变得更加贴近顾客且易于操作。进

一步说，我们不能再简简单单制作一些设备，而应该提供更多的综合方案。为此，我们必须更多地跨部门组队。我们需要研发、设计、市场及销售各部门联合工作，以便更好地将顾客需求融入产品的设计中。此外，进入市场的速度也是未来成功的关键，而这又要求各部门之间更多的协调和合作。让解决方案更简单、更有效！这就是我们的愿景。

你听从了书中的建议（干得好），然后一遍又一遍地再三传递愿景——新的心智地图：发邮件，摄制短片在餐厅的午餐时段播放，制作PPT在不同的部门之间进行演讲。你持续而简明地传达了自己的信息。

现在你坐下来，等待着公司发生巨大的变化。你一等再等，却没有任何变化，没有人行动。怎么回事？

你很困惑。第一道障碍已经冲破，大家已经看到变革的需要。如果他们看到过去正确的事情现在是错误的，数字信息处理技术才是未来的主导，为什么大家不向着正确的方向行动起来呢？你不明白。毕竟，你读完了书的前三章而且参考了书上的建议。现在人们不仅仅明白过去正确的理念现在是错误的，而且对正确的方向也了然于心，对么？你把观点讲得非常清晰明白了。奇怪的是，你似乎有种感觉，解释得越清楚，重复得越多，行动中感受到的抵制也越多。

为什么人们不行动起来？

这需要引出第二道巨大的障碍：未能行动。我们所交谈过的绝大多数人，都认为第一道障碍相比第二道障碍显得更加直观。他们能很容易理解如果看不到变革的需要，就不会发生变革。但是如果人们看到了变革的需要，为什么还不能行动起来呢？诚然，在卡车朝着你行驶过来时，你因为没有看到而不能躲过是一回事，看到了却来不及躲开又是另一回事。难道那些看到了变革的需要却不行动的人，真的就是傻瓜？

从我们的经验看来，那些看到变革的需要却没能行动起来的人都很聪明，一点也不傻。为了更好地理解这个观点，也为了了解为什么

第四章
第二道障碍：未能行动

人们看到了变革的需要却没有行动起来，我们需要将第二道障碍分成两个方面来阐述。

第一个方面包括明白"看到过去正确的事现在是错误的"和"了解到正确的事情是什么"之间是有区别的。第一点并非必然导致第二点。也就是说，即使有的人最终认输而且承认过去正确的事情现在是错误的，也不意味着他们明白了正确的事情是什么。因此在没有清楚地意识到正确的事情是什么时，人们不会轻易采取行动。

比如说施乐公司。有很长一段时间公司都在做对的事并且做得很好。在其初期，公司业务主要是生产复印机。复印机又大又昂贵，为公司挣了不少钱。但是不久后情况发生了变化。原本正确的事情变成了错误的。比如，佳能面世，同时推出了一款物美价廉的个人复印机，价格只及施乐低档复印机的1/10。最初施乐一直拒绝相信市场出现了变化，等真正面对时已经太迟。施乐将个人复印机当作一个创新项目，而不是一条正规的生产线。最初公司甚至拒绝为日本合资公司富士施乐制造的个人复印机进行推广。幸好最终施乐公司进行了弥补，在个人复印机领域重新赢取了不俗的成绩。但是在20世纪90年代中期，施乐公司一度面临巨大挑战。

为了应付这项转变，里克·托曼（Rick Thoman）——这位帮助IBM度过转型期的关键人物——被请上了台面。他初进施乐便设计了一些基本愿景，类似于IBM20世纪90年代早期成功转型的方针——那些方针曾使得IBM的股票价格从40美元骤升到200美元（平均价格），之后甚至飙升到过400美元。IBM旨在通过全球的产业解决方案部门（ISUs，Industry Solution Units）为顾客提供解决方案（而不仅仅是仪器设备）。IBM的基本理念是，比起跨行业的方案，同行业之间的解决方案相似点肯定更多。也就是说，花旗集团的方案若提供给汇丰银行，肯定要比提供给壳牌合适。

IBM的战略和组织并不仅限于产生影响，还包括产生经济效益。IBM的观点是，如果为花旗集团开发的方案有50%～70%能用于汇丰银行，必然会产生丰厚的利润。此时花旗集团已经为方案支付了全部酬金，而部分方案又能继续运用到汇丰银行，IBM同样能向汇丰银行索取全部酬金。在很多方面，这项新战略和组织都能运转良好，因而在20世纪90年代中后期，"服务"理所当然地成为IBM收入和利润增长的主要来源。

作为新任CEO，托曼向施乐公司传递了同样的理念。顾客们需要的是处理文件的方法，而不仅仅是复印机，以行业为集群的顾客相似点肯定要多于以地域为集群的顾客。这为施乐公司指出了新的心智地图。

然而这项心智地图对于施乐公司职员的意义却并不大。过去，施乐公司的销售和服务团队都是根据地域进行组织。因此，无论顾客是哪一行业的，施乐的销售人员对于所属领域的顾客都十分熟悉。直到财务状况恶化，施乐公司的股票价格几近触底，才有足够的证据证明过去的方法已经不再正确。这样，旧式的"地域销售"和"复印机"心智地图才轰然坍塌，让位于新的"文件处理"心智地图。

此后，施乐公司的职员仍然未作改变。为什么呢？为什么明知过去行之有效的观点在现在已经不适用了，大家还是不行动起来呢？正如我们之前所说，即使我们明白过去的一套是错误的，然而在新的目标和道路尚未明晰之前，大家是不会轻易行动的。毕竟，有什么理由仅仅因为现在所在的地方让人感到稍许不适，就贸然闯进黑暗和未知之中？同时由于不熟悉的缘故，即使我们不再否认甚至承认过去正确的事现在是错误的，但如果缺乏正确的新方向，我们很多时候都宁愿在原本熟悉的方面加大投入力度。

很糟糕。但是里克·托曼依旧将他的此番理念传达给了施乐公司。他将愿景、战略、新的组织一次次清晰地传达给施乐公司的职员。然而在这个案例中（我们还见证了很多其他的案例），人们还是未能行动起来。施乐公司的职员根本没人愿意行动，以至于托曼掌舵不足两年就离开了公司。

让我们花点时间总结一下。首先，我们需要指出即使人们发现过去正确的事情现在是错误的，在他们没能认清正确的方向之前是不会采取行动的。第二，正如我们在施乐公司的案例中所看到的，即使人们最终承认有变革的需要同时也看清了正确的方向，他们还是不会行动。

在这两个方面中,第二个毫无疑问更让人疑惑。毕竟人们意识到变革的需要,但因为不明白新方向导致最终未能采取行动是一回事,清楚和理解新理念后却依旧"按兵不动"又是另一回事了。

然而我们经常可以看到这样令人困惑不解的事情:新的愿景越是清晰,雇员们就越不动。为什么会这样呢?我们在前面两章中已经讨论过,领导者必须在人们中建立被认知的变革需求,然后向他们展示新的方向。为何时常新的愿景和心智地图越清晰,人们就越不愿意行动?难道他们都是傻子么?

我们的经验是,这一切都是因为大家聪明,而非愚蠢。那大家已经明白过去正确的事情现在是错误的了,不采取行动还能称之为聪明么?当新的事情前途似锦,不采取行动还能称之为聪明么?仍旧聪明,因为他们看到了事情的两个方面。一方面集中在"正确的事情"和"错误的事情",另一方面则强调"把事情做好"和"把事情做得很糟"。如图4—1所示。

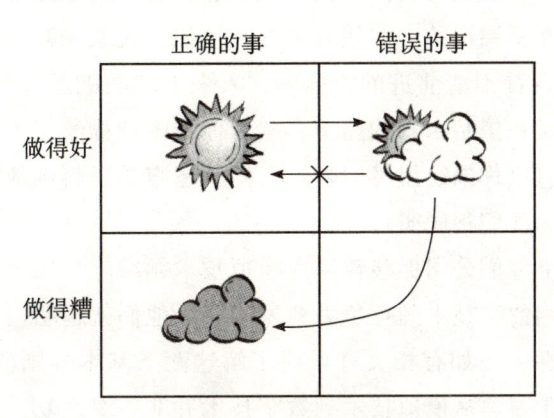

图4—1 变革矩阵

人们明白,不可能从"把过去的错事做好"直接就能过渡到"把现在正确的事做好",充其量只能过渡到"把正确的事情做得很糟"。这番描绘后,再想想在他们看来一个领导者对他们嚷嚷变革是一件多傻的事。事实上,从他们的角度来看,领导者的话变成了"跟着我,你们就能做正确的事情,而且把这件事情做得很糟!"这样的话能有什么号召力？尽管领导者们并无意图传递这样的信息，但是人们非常清楚接下来会发生些什么。无论你是没发现或是发现了想隐藏，他们都能看明白，他们一点都不笨。

没有人会期望从来没有做过的事情可以上手即顺。这也是人们不愿意频繁地学习新的语言、运动、乐器之类的原因。绝大多数人都不愿意自己在某些事情上显得笨手笨脚，而当我们擅长其他事情的时候更是如此。[1]

这也是为什么对于绝大多数人来说，从擅长转变为不擅长是一件难以接受的事。具有讽刺意味的是，这也导致了正确的事情越明晰，大家就越不愿意行动起来。新愿景越清晰，人们就越容易看到哪些细节他们将不擅长甚至显得很蠢——他们将做正确的事情，但是会做得很糟糕。

例如，我们重新回到 QuadQ 信号处理公司的 CEO 身上。最初因为人们身陷过去的旧式思维当中，公司形势一直恶化。根据显示的种种迹象以及你所提供的对比和面对的机会，员工们开始意识到原来正确的事情现在是错误的。即使有了这些认识，大家一开始还是未能行动起来，因为看不清前进的方向——未来不够明朗。这个影响极大。没有人愿意走在黑暗未知的路上。然后你清晰地描绘了未来的愿景和心智地图，可惜你描绘得越清晰，人们就越容易预料到他们将要面临的挫折（因为他们很聪明）。

考虑一下你们公司那些曾经在模拟技术领域叱咤风云的科学家和工程师们。当数字技术的竞争力愈发明显，他们就越明白自己在未来将缺乏竞争性。正如有相关背景或了解这两条基本准则的读者所知，作为一个科学家，从模拟技术到数字技术并非一夕之功。在很大程度上，这就像学习了汉语的人突然被告知要在一个周末学会希腊语。是的，二者都是语言，而且学会了一种后，你能提高一些基本的学习语言的能力，但是以汉语的底子学习希腊语完全就是全新的开始。事实

---

[1] 当然，有些人非常享受挑战学习新技巧的感觉，这些人往往在看到变革的需要时能最先开始行动。然而当面临重大的组织变革时，他们毕竟只是少数派。

上，你越明白已知的汉语和未知的希腊语之间的区别，你就越能预料到学习希腊语将有多困难，在说希腊语时又会多笨拙。你甚至能轻易地想到将要犯下多少语法、发音、习惯用法等方面的错误。脑中也会宛如放映电影一般，呈现出在尝试说希腊语时的迟钝和说汉语时的机敏。那些你说希腊语时呆板的画面越清晰，你就越不愿意学习希腊语。再回到 QuadQ 的例子，科学家们和工程师们越明白未来属于数字信号处理，就越能体会到在日后将会显得弱势——在新事物上他们看上去会多么缺乏竞争力。

　　同样的情况也适用于新愿景的其他各方面。科学家和工程师们凭技术天分完成事业成就个人。事实上，在过去"下属"部门——诸如营销的知识和经验，都被给予了负面而非正面的评价。（顺带一提，QuadQ 公司的科学家们和工程师们甚至不把诸如市场营销和销售领域称作基础部门，而称之为辅助部门。）新愿景却明确提出未来的成功需依靠跨领域的团队。显然这要求人们明白其他部门的基本工作。那这些科学家们对于在跨领域团队中的知识又知晓多少呢？一无所知。他们对于在开发综合方案的技术团队工作又知道多少呢？依旧一无所知。那么在团队中，尤其是在跨领域的团队中，他们会做得怎么样呢？很糟糕。科学家和工程师们对此了然于心。你将愿景描绘得越清晰，重复的次数越多，公司的科学家们就越容易预料到在对的事情上他们将会做得多糟糕。他们会怎么回应呢？抵制。为什么？因为做聪明人太久，人们终归是不愿意再显得笨拙。

　　施乐公司也适同此理。有关解决方案和产业解决方案部门之类的愿景越清晰，销售人员就越明白在新的正确的事情上他们将会显得多糟糕。毕竟，有关要推销的解决方案他们所知有多少呢？基本为零。在以产业为导向的团队中工作他们所知又有多少呢？基本为零。由此得知，他们将会表现何如呢？很糟糕。他们都很聪明，一点也不笨，因此一点也不希望自己看上去很傻。而且在犯错会被惩罚，学新知识却很少得到奖励的大背景下，你必须考虑：当人们能够在熟悉的领域显示智慧并受人尊崇的时候，谁会愿意贸然闯入一个毫无竞争力甚至将受到惩罚的领域呢？没有人。

有些人也许会争论，托曼引入到施乐公司的理念、战略和组织结构都不适合，他只是毫不恰当地将自己熟悉的、仅适合 IBM 公司的那套强塞到施乐。有这个可能，但是很难确定。尽管现任 CEO 安妮·马尔卡希（Anne Mulcahy）也追求着类似的战略。在开始发挥作用之前，很多人也认为郭士纳（在托曼的帮助下）在 IBM 执行的理念、战略和组织结构都是错误的。也许这些认为托曼在施乐所作并不正确的人在见证了结果后会有所改变。我们的主要观点是，如果施乐公司的员工们能看清前路，明白如何将对的事情从做得糟糕过渡到做得很好，那些愿景就能发挥作用。换句话说，很多人都宁可在错误的事情上显得能干，也不愿意在正确的事情上显得笨拙。只要发现未来多半会把正确的事情做得糟糕，他们就不想行动。我们由此知道如果员工们无法看清通往光明的道路，他们就不会有所行动。

有关创造一条"充满前景的道路"的细节将在下一章进行讨论，我们现在想强调的是人们看到变革的需要后却未能行动起来，很大程度上是因为他们尝试着避免去做正确但是不擅长的事情。人们不仅需要明白正确的方向和目的地，更重要的是要相信自己正走在从不擅长到擅长的路上。如果没有此番前景，很多人宁可在错事上竞争力十足，也不愿意在正确的事上显得笨头笨脑。

先前曾提到，大多数变革方面的书或者顾问，都在喋喋不休地阐述未来愿景所需要的新方向和目的地。我们同意这个观点。许多人都不热衷于在黑暗中探索，尤其当现在所处的地方仍笼罩在安全的灯光下时尤其如此。说到这点，想起了一个旧时的冷笑话。一个男人丢失了戒指后，疯狂地寻找。此时迎面走来一个陌生人，问道："你丢了什么？""我的戒指。"他回答道。"那你是在哪里丢失的呢？"这位路人又问。"那条路上。"男人匆忙回答。"那你为什么在这里寻找呢？"这位有意援助的好心人询问。"因为这儿有光。"渐失希望的搜寻者回答。在组织中，人们也喜欢待在有光的地方，即使他们意识到这是个错误的地点。人们也喜欢坚持自己所擅长的，即使所擅长的变得与事情不相关。

综述

总结一下，战胜第二道变革障碍有两个关键。首先，即使我们帮助人们看到过去正确的事情现在是错误的，同时描述了新的正确的事情，我们还需要新的心智地图提供清晰的方向和目的地。它必须回答一个问题：我们去往何处？不过这样依旧不够。事实上，我们对于未来走向的答案给得越清晰，人们的抵制也就越大——因为他们现在就明白了如果做正确的事情他们将会显得何等笨拙。因此，在描述了正确的事情之后，我们必须使人们相信新的心智地图指出了一条光明之途，它将引领人们从把新的正确的事情做得糟糕过渡到做得很棒。

以我们的经验看来，导致了第二道障碍的部分原因应该是管理方面的关注太少，它应该真正为在变革方面受到的绝大多数抵制负起责任。在人们了解了正确的事情后，更应该获悉的是如何从把正确的事情做得糟糕过渡到做得很棒的道路。至于如何提供通往光明的希望之路，以及如何描绘鼓舞人心而又富有启迪的新愿景，将在下一章中阐明。

It Starts With One

第五章　突破第二道障碍的方法和工具：帮助人们行动起来

上一次我们让你成为 QuadQ 公司的 CEO，你成功地创造了有效对比和面对的机会，使得人们明白他们的旧式心智地图已经错得离谱，同时你还对新的目标进行了清晰的描述。然而，你把愿景描绘得越清楚，QuadQ 公司的职员们就越抵制变革的行动。读完上一章后，你应该理解个中原因了。人们清楚在到达新目的地的旅程中，将会从虽然错误但有竞争能力的领域转移到正确但毫不擅长的领域。现在你不仅要使他们看到正确的目标，更要使他们相信他们能够把新的正确事情逐渐做好。如果没有对未来之路的基本信心以及将事情做好的个人能力，他们就会拒绝行动——哪怕对于变革和新目标有着明显而强烈的需求。

帮助人们树立信心有三个关键步骤：

1. 确认他们能清楚了解目的地或者目标。
2. 给予他们到达目的地所需要的技巧、资源和工具。
3. 在变革过程中提供有价值的奖励。

这些步骤都源于一项屡经测试证明的重要理论，它涉及人类心理学和管理学，即期望理论。这里我们不想浪费时间来讨论理论的细节

第五章
突破第二道障碍的方法和工具：帮助人们行动起来　067

出入。提及理论有两个原因：首先，我们在此处提出的理论或观点并非是自己的，而是由大量的出版物支撑的；第二，尽管这本书中我们提出了许多自己的观点，但并不想将不属于自己的观点偷归己有。作为博士生，我们都会将期望理论当作学习基石。简单点说，尽管期望理论并非自己的主意，但是它在战胜"第二道变革的障碍——未能行动"上，有着强大的用途。

第一步：目标

上一章已经提及了这个话题，因此这里只简述一番。正如激励一个人去射击一个不够明显的靶子是困难的，鼓动人们为着一个模糊的目标而努力也同样艰难。如果目标不明确，那成功的机会究竟多大呢？如果成功的几率不大，你又应该提供多高的激励？答案显而易见。如果方向和目标都不明确，你前进的动机为零。因此，当知道上百个研究得出类似结论时，你无需惊讶。建立有效目标的关键步骤是将有关于正确事情的理念转化为具体的行动。比如，如果"乘客第一"是一条新理念，那么从行动上来讲应该包括哪些方面呢？即使意识到这点，你又该如何辨别是否为"乘客第一"的行动？让我们以航空公司登机服务员萨姆这个角色为例来看。CEO已经宣布并解释了新的"乘客第一"理念。这对于萨姆的实际生活意味着什么呢？表5—1为经理们提供了一种使员工们行动起来的工具，它能使新的正确事情落实为具体的行动。

> 作为补充，新的正确事情越复杂，鉴定关键情景和相关的具体行为就越重要。这样才能更好地为员工描绘新的正确事情的本质。抽象的词汇诸如"乘客第一"对于一个登机服务员来说并无太大意义，

> 而如果登机服务员的行为较之从前并无不同，这个理念对于顾客来说意义就更小了。

比如，在萨姆的案例中，使得"乘客第一"的理念转化为现实的最常见的场景，就是有些人赶飞机迟到或者航班延误或取消。表 5—1 的工具能在员工变革的主动性方面，提供鉴定关键情景的协助，以细节性地描述相关的期望行为。

表 5—1　　将新的正确事情转变为行为的工具

通常情形	目标行为
A	1. 2. 3.
B	1. 2. 3.
C	1. 2. 3.

例如，当某位乘客赶到登机门已经迟到时，对于萨姆来说"乘客第一"的新理念在行动上就意味着需要对乘客错过班机而遭受的挫折深表同情。"先生，匆匆赶来却还是不能登上班机，我能理解您的沮丧。"另外的行为便是主动帮助乘客尽快到达目的地。"40 分钟后就有到伦敦的下一趟班机，如果您愿意，我想我能为您提供一个靠近逃生门的座位以便您的腿有更多的空间。"只有在目标明确确定之后，萨姆才能更好地行动。

这个变革的方法看上去也许显得琐碎，接下来我们将提供在研究中以及与顾客合作的过程中得到的两个重要启示。

第一，如果没有清晰明确的目标行为，很多人都不会行动。因此即使细化常见场景和描绘目标行为需要花费一定的时间和精力，但没做带来的负面影响肯定要远远大于做了之后的积极影响，这使得人们不得不选择后者。

第五章
突破第二道障碍的方法和工具：帮助人们行动起来

第二，我们发现，如果你把精力集中在核心的与目标行为相关的20％上，却能覆盖新理念的80％，剩下的不那么重要的情景和行为就能自行解决。

我们所谓的自行解决是什么意思呢？为了更好地解释，让我们再次回到机场登机服务员萨姆身上。有两种情形——乘客迟到或者航班延误（取消）——是属于能够体现80％新理念的所有乘客服务场景中的20％核心情景。通过了解针对这些核心情境的目标行为，萨姆在遇到较特殊的情况时能够自动地对"乘客第一"的理念做出合理反应。也就是说，在萨姆遭遇其他情形时，他能够合理地通过核心情境进行推断，从而对此时的目标行为做出正确的决策。这条推论十分关键。如果你将时间和资源投入到这20％的核心情境上，同时描述相关的目标行为，就不必再在剩下的80％上进行相同的投入了。你已经使雇员们获得了把它们做好的能力。

表5—1中的工具过于直接，一些读者也许认为这会使得下属们感觉单调。它是够直接的，但是潜在的规则仍值得挖掘。也就是说，除非人们明白新的正确事情落实在自己身上时意味着什么，否则他们不会变革，而变革往往只有在具体行为中才能得以体现。因此，如果表5—1对于你的同伴们来说过于单调，那么跳过它，直接询问他们从新的目标中得到的启示是什么，新的目标对他们的个人能力又有什么要求。如果旧地图要求的是沿着沙滩行走，而新的地图却是在山上徒步旅行，那么任何认识到区别的人都会明白在山间旅行需要靴子，而沙滩上赤脚足矣。

比如，一家大型石油公司的CEO设计了一张新的战略地图，要求各业务单元从独立自主过渡到相互依存和合作。如果他的理念足够明确，公司的高管们就会明确地向CEO反馈，公司各价值链上的活动是如何彼此契合的。进一步他们应该阐释要如何加强解决争端的技巧，因为即使有了不同意见，他们也不能再各自为政了。如果CEO的直接报告中得不出这些启示，也不明白需要的能力是什么，很有可能就是因为目标不够明确。

第二步：资源

一旦职员心中目标明确，问题的关键就变成人们是否相信他们所走之路能够通往光明之殿。攀登高峰是一件很棒的事情，前提是我们相信自己有了需要的设备（如绳子、靴子等）、技巧以及过硬的体力。很简单，如果人们不相信自己拥有到达目的地的必需物品，他们就不会有尝试的动力。如果他们有，至少会尝试。但是话又说回来，我们之中有哪个领导者会这么笨，让自己的职员在一无装备、二无能力的情况下去征服高山呢？确切地说，如果让职员们去攀登一座高山，我们就相信他们已经装备齐全。

相对于第一步，第二步的关键则是我们应该意识到对所需的工具和能力做出评估并不是最为重要的。在最终的分析中真正重要的是使职员们相信。如果他们不相信，他们就不会尝试（至少不会尽力尝试）。如果他们相信，至少还会试一试。作为领导者我们应该对所需的工具和能力做出评估，但真正的挑战则取决于员工们是否相信自己已经装备齐全，如果他们不相信，就要帮助他们相信。

一个简单的个人案例也许能说明些问题。多年前，斯图尔特曾在日本经营一家顾问公司。当时斯图尔特的职责是负责新产品的投产。他将目标清晰地传达给销售人员（都是男士）。职员们都清楚地看到了销售目标。然后斯图尔特又制定了一系列丰厚的奖励。销售人员明白目标也希望得到奖励。但是投产后却没有任何进展——销售前景并未展现。

为什么？在一些工作以外的私人场合，斯图尔特被告知没有任何销售人员对哪怕一个顾客提及新产品。没有任何新产品的相关信息，这导致了惨淡的销售前景。为什么产品无人提及呢？因为销售人员都很擅长自己的工作，他们能想象到销售将如何进行——他们应该说些什么，顾客会怎么问，他们又该怎么回答等等。通过这种方式，他们能想象到顾客将会提到一些他们不知如何作答的问题，那会让人备感尴尬，而这在日本文化中是很难接受的。为了避免这种可能的尴尬，他们便一概不提新产品。

究竟是哪一点被遗漏了？目标明确，奖励极具激励性，销售人员也有能力。他们缺乏的其实是回答一些难题的相关信息。斯图尔特认为他们具备了这些知识。（老实说，他认为他在演讲中已经阐述了——很明显又是一名"我明白了"错误的受害者。）斯图尔特并未去检测销售人员们是否相信自己已经具备了相关信息。而真实的情况是，他们认为自己并不具备这项资源（或者说他们不认为自己具有回答某些顾客难题的知识），因此尽管目标明确、奖励丰富，他们也没有在新产品的道路上迈出步伐的意向。

为了全力支持行动，我们将采用表5—2中的工具来详细描绘所需资源。这种工具也能帮助你采取一些必要的行动来为你的职员提供所需资源，使他们拥有所需的全部。

表5—2　　　　　详细筹划所需资源的工具

能力			
旧	新	差距	跨越的路径
1.		小 中 大	1. 2.
2.		小 中 大	1. 2.
3.		小 中 大	1. 2.
4.		小 中 大	1. 2.
5.		小 中 大	1. 2.

续前表

旧	新	差距	跨越的路径
6.		小 中 大	1. 2.

知识

旧	新	差距	跨越的路径
1.		小 中 大	1. 2.
2.		小 中 大	1. 2.
3.		小 中 大	1. 2.
4.		小 中 大	1. 2.
5.		小 中 大	1. 2.
6.		小 中 大	1. 2.

其他资源

旧	新	差距	跨越的路径
1.		小 中 大	1. 2.
2.		小 中 大	1. 2.

3.		小 中 大	1. 2.
4.		小 中 大	1. 2.
5.		小 中 大	1. 2.
6.		小 中 大	1. 2.

一旦你确认了所需要的能力，就得帮助人们培养这些能力。这也是表5—2的工具中"跨越的路径"一栏所要讲述的。这一跨越的路径旨在消除职员所在地和目的地之间的差距，包括大量的培训、教育、体验、引导、训练或者其他技巧，以使职员们达到主动变革的要求，获得驾驭新的正确事情所需要的基本能力。

在第二步中，职员们会很自然地问"如果我尝试了，就能做到吗?"如果答案是否，那么不管目标有多清晰，人们都不会行动。作为一个领导者，在第二步中的任务就是确保职员们相信他们已拥有足够的资源来实现目标。

第三步：奖励

第一个步骤是确保职员们清楚地知道目标。第二个步骤则是建立信心，使职员们相信自己已经拥有了踏上光明之途的资源。第三个步骤包括了人们最为熟悉的激励方式——奖励。我们所有人都明白奖励在激励和推动人们行动方面的巨大作用。

当我们提及奖励，很多人都会想到钱。毫无疑问，对于绝大多数人来说钱都是一个极具激励效用的奖励。然而，这并不是唯一的激励方式，也没有我们所预想的那般作用强大。为了把钱放在适当的位置以发挥作用，我们必须明白两件重要的事。

第一，钱是人们得到真正所需物品的重要手段。钱可以使得孩子得到大学教育，可以在旧车出现故障后买一辆新车，可以买一辆新车来提升自信，可以让人在闲暇时旅游休闲。对于很多人来说，钱是一种必要手段，以获取他们真正看重的东西——安全、自我、社会地位、友谊、健康、娱乐等等。然而在探究大家真正关心的东西过程中，我们同样发现到一些其他的方式（除了钱）也能满足需要。例如，比起金钱，一位追求社会地位的职员往往能从重大任务中获得更大的成就感。而对于那些看重快乐的人来说，公司的 party 往往更令他们感到愉快。这一点要讲的是，相对于金钱，人们还有许多其他在乎的东西，而金钱本身不过是获取他们真正所需的一种手段。如果我们能鉴别出别人真正在乎的是什么，便能采取一种特别的途径（往往是更直接的方式）来满足他们的需要。

关于金钱需要记住的第二件事就是，它的影响力要远远小于我们的估计。比如，年终奖金（如果数额够大）对于绝大多数人来说都是一项有力的激励。员工们从同事或者领导处得到每天的巩固性激励，与年终奖金制度一次性激励相比较，哪一样更为有力呢？结果可能出乎你的意料，但是研究明确表明，在绝大多数案例中，人们所接受的即刻的、重复的嘉奖往往比一年一次的奖金要来得更有效。我们这么说并不是说要废除年终奖金制度，而是想说明，如果能伴随着每日的表扬、认可、补助等方式来频繁地发放奖金，所得到的效果要远胜于一年一次的经历。

那又该如何鉴别人们真正在乎的是什么呢？难道你就直接跑到他们面前问道："嘿，你真正在乎的是什么？哪些东西能激发你？告诉我，以便我按下激励你的正确按钮，使你更快地行动起来。"你当然不能这么做。我想我们有一个基本的方法，能帮助你调查到人们在乎的东西是什么，当然这不是所谓的捷径或者"速效疗法"，毕竟人不是自动售卖机，会将个人价值观大方陈列，以方便主导变革的推进者按下正确的按钮。相反，挖掘他人真正珍惜和在乎的东西需要大量的时间和真诚的努力。现实就是这样。

人们可能看重任何事情。如果你采用排除法，也许需要数十年来排除所有的第二选项和第三选项才能找准个人的核心价值。如果你想了解其他人的激励点，考虑下使用"ARCTIC"方法（Achievement 成就，Relations 关系，Conceptual 观念/Thinking 想法，Improvement 改进，Control 控制）。

ARCTIC法则能代表几类主要的、人们从激励的角度展示的价值观（有些学者将之称为"需求"），每一项都能阐释为两个相关的方面，如表5—3。

表5—3　　　　　　　　需求的ARCTIC框架

成就	
绩效	达成目标，未来比过去做得更好的需要
竞争	比他人做得更好的需要
关系	
认可	被他人喜爱和承认的需要
归属	被集体认可和感觉自己是其中一部分的需要
观念/想法	
解决问题	面对问题和找到答案的需要
合作	将局部联系起来组合为一个整体的需要
改进	
成长	作为个人感觉不断进步和发展，而不仅仅是得出结果的需要
探索	探索和开拓未知领域的需要
控制	
统治力	感觉个人有能力和有竞争力的需要
影响力	能影响其他人决定和行为的需要

我们能对这些需求和价值进行延伸和扩展，然而研究清楚地表明每个人的需求强度都是不同的，毫无疑问你的个人经历也证实了这一点。不同的原因是无数书籍和讨论的主题。这个问题在这儿并不重要。重要的是，如果我们想让人们朝着新目标行动起来，就必须确保为激励个人踏上新征途准备了有价值的奖励。

思考一下本书作者之一哈尔所说的一句话，看看你能不能找出真正激励他的是什么。在最近的一次环游世界的旅行之前，哈尔对他的妻子说："到爱尔兰旅游，了解更多我们祖先居住地的知识，我感到很兴奋。"使用 ARCTIC 的框架，激励哈尔的是什么？如果你浏览一遍清单，有一个词语肯定会排众而出——改进，准确一点说是探索。这个要点是，如果你能仔细聆听他人，他们就会提供一系列线索说明他们真正在乎的是什么，你也能因此找到更好的方式激励他们。

对于某些人来说，一次激烈竞争的机会可以作为激励品。对另外一些人来说，激烈的竞争却会使他们因害怕而无法行动，所以我们应该多强调新道路上的个人成长机会。对于特定的个人，聆听和鉴别是挖掘对他们最为有效激励物的关键。

表 5—4 中的工具是帮助个人实施诊断和规划的程序。首先我们应该鉴别谁是激励和行动的关键人物。在每一个组织和下属机构中，我们总能发现一些关键的非正式领导人和趋势推动者。通常情况下，如果你能使他们行动起来，其他人就会跟随。接着我们可以浏览工具栏中各激励形式及其子形式，并挑选出最能激励某个人的前三项。最后，在前三项的空白处写下能激励个人的具体行为。同样，这虽然需要投入大量的时间和精力，但是如果不做，负面效应会很大，而如果做了，积极效应也很大，因而你不能跳过这一步。

表 5—4　　　　　　　　个人分析的 ARCTIC 框架

关键人物：			
激励形式	子形式	前 3 项	行动
成就	绩效	是 否	1. 2.
	竞争	是 否	1. 2.
关系	认可	是 否	1. 2.
	归属	是 否	1. 2.

观念/想法	解决问题	是 否	1. 2.
	合作	是 否	1. 2.
改进	成长	是 否	1. 2.
	探索	是 否	1. 2.
控制	统治力	是 否	1. 2.
	影响力	是 否	1. 2.

毫无疑问，精明的读者在面临大规模的变革时往往会想："这些都很好，但是我需要使数百人行动起来，实在是无法了解所有人并提供量身订制的个人奖励。"让许多人立即行动起来是一个挑战，但我们的观点是，如果你不使个人行动起来，那么整体也无法动起来。这里有一个技巧，可以将这种对个人的理解和定制奖励的方式通过组织分层传递。你了解到直属下属们真正重视的是什么，然后为变革之路分配各种奖励，再然后你的直属人员依葫芦画瓢，进而一级级传递下去。

顺便说一下，你在组织中的职位越高，激励个人促使变革发生的能力就越重要——而不是越不重要。原因在于通常情况下，我们在组织层级中所处的地位越高，对自身的能力和权威就越自信。毕竟，作为一个CEO或者高管人员，当我们召唤职员时他们总会以我们为中心，为了配合我们的作息时间而改变日程表，当我们大喊"跳"时，他们会回应"多高？"然而，记住当你的职位越高，其他人的数量就越多。无论你为股东或者媒体提供了多令人称奇的新战略方案，如果你手下的人不肯行动起来，那么整个组织也不会发生改变。

综述

要想成功地使人们行动起来，有几个关键点。首先，人们之所以看不到变革的需要往往是因为过去的心智地图已经在脑中根深蒂固，从而遮蔽了新的思想。如果你不能更新这些心智地图，变革也就不会发生。然而，即使人们意识到过去正确的东西现在是错误的，他们仍然不会采取行动。换句话说，战胜第一道障碍是必要的，但还远远不够。变革方案往往会失败，是因为人们即使看到变革的需要也仍未能行动起来。而未能行动又是因为他们没有看到或者不相信新的道路，不相信自己拥有踏上征途的能力，也不相信沿途和终点能得到奖励。因此，他们宁可在旧的错误事情上显得竞争力十足，也不愿意在新的正确事情上表现得笨手笨脚。

想要这些人行动起来的话，他们——不是我们，必须清醒地意识到将要去往什么地方，他们必须相信自己已经拥有了踏上征途前往光明之殿的必要资源，他们也必须相信，如果沿着新的心智地图描绘的路线到达了理想的终点，他们所期待的结果就会随之而来。需要记住的关键一点是，必须是他们——而不是我们，相信三种要素已经一应俱全。

我们希望这就是故事的结尾，然而事实并非如此。在下一章，我们将会解释为什么人们在看到和相信之后，仍然无法最终完成变革，反而被战略性变革的第三道障碍绊倒。

It
Starts
With One

第六章　第三道障碍：未能完成

　　回到我们有关飞机的比喻，此刻你已经打开了油门，100吨的大家伙开始在跑道上轰隆隆驶过。人们在意识到过去正确的事情现在已变成错误的这一点之后，都在不断加速。在通过关键的一点之前，你继续保持势头，直到起飞比停下更容易。人们现在能看到正确的事情是什么了。为此你小小地庆祝了一番；你已经克服了变革的第一道障碍。

　　飞机继续在跑道上行驶，在到达"旋转"这个神奇的点，即能使飞机速度足够到能起飞的那一点之前，速度持续加快。在飞机脱离地面起飞之后，轮胎和地面之间的摩擦和噪音消失了。现在人们不仅能看到新的正确的事情，同时也相信他们所踏上的征途是光明的，是可以使他们把正确的事情从不擅长做到很棒的。为此你又小小地庆祝了一番；你已经克服了变革的第二道障碍，飞行在空中了。

　　给予飞机起飞所需的全部能量之后，它就应该会顺利飞行了，对吗？依据一般的规则来看，这应该算是顺利了，但任何有领导变革经验的人都知道，变革中真正艰难的时刻，才刚刚到来。就像一架飞机，尽管能顺利发动、起飞，然而只要收回一点点油门上的能量，飞机就会坠毁。即使脱离了地球表面的束缚，重力依旧在施展着无形的威力，等待着任何一个机会将飞机拉回地面的怀抱。

因此，在挣脱了重力最初的束缚，战胜了两道变革的障碍——未能看见和未能行动之后，还会遇到第三道强大的障碍：未能完成。这股力量静静地、耐心地坚持等着抓住任何一个契机来显示它毁灭性的威力。因此要想赢得最后的胜利，进行成功的变革，我们还要克服它。

无论转变的重心是集中在质量、创新、顾客服务、速度还是全球化上，只有在绝大多数个体都发生了变革后，这些组织性变革带来的全部影响和益处才会实现。简单一点说，只有在人们的想法和行为都发生了变革之后，新的变革性战略才会产生影响。如我们先前所论述的，人们不会轻易迅速地改变。当你领导的组织性变革涵盖了数千人，贯彻变革就绝不可能只是一夕之功，相反，它会耗时数月，甚至数年。理想的变革要波及整个组织还需耗费一段时间，而因此造成的时间滞后会导致巨大的风险，使人们在此期间感到疲惫和迷茫。这两股基本的力量拖住了组织迅速行动的步伐，使得变革之路无法走得更远。

疲惫

人们会感到疲惫是因为组织性变革从根本上来讲并不是变革组织，而是变革在组织中工作的人。组织中的一些特定方面，比如战略、机构或者系统等也会需要变革。然而，你什么时候看到过公司中的个人没有发生思维和行为上的改变，变革性战略却能取得长期成效？你什么时候看到过组织中的个人没有发生思想和行动上的变化，新的组织却会生效？答案当然是"没有"。变革的"轮胎"必须接触到人们的行为发生改变的"路面"才能前进。如果人们自身不发生变革，即使轮子会转，战略性变革却还是得不到任何的牵引力。

例如，一家航空公司决心将它新的战略和文化集中在"乘客第一"上，就像是英国航空公司多年前所做的一样。英航甚至执行了一个叫"乘客第一"的项目。公司可以宣布新的使命，可以在世界各地的机场悬挂上百条"乘客第一"的标语，但是只有在售票员、订票员、机舱服务人员以及地勤人员真正把乘客放在第一位的时候，乘客才能感受和回应这种变革。而此前的所作所为都不过是孔雀的羽毛，中看不中用。

这并不是说组织中的基础，诸如激励系统和信息系统对于人们及其行为毫无影响。显然它们可以有也确实有影响。比如，人们根据他们所获知的信息来行动，而传递给人们的信息的形式、质量、速度都会带来影响。我们并不是想说制度不重要。相反，在最终分析中真正会影响组织性变革的就是人们行为上的改变，以及系统如何强化或者改变人们的行为。

可惜的是，这个简单的规则经常被遗忘，至少是暂时性地在系统中不被关注。从某方面来说，这是可以理解的。如何使一位高管接触并改变10万名员工？如何使一名部门经理着手改变哪怕10个人？很难想象去逐一地改变个人，因此我们自然会去着手尝试撬动一两个组织的杠杆，希望能借此改变个人。我们尝试着从激励方面或者组织结构入手。这样做理由充分，因为这些途径确实能影响人们。遗憾的是，它们所能产生的影响离我们的预期相差实在是太远了。

在过去50年中，研究多次表明组织中的基础，诸如战略、结构甚至是补偿制度和激励制度，对于雇员来说都是抽象而遥远的。相反，以老板为榜样，从同事那里获得的持续认可，甚至是由顾客们给予的惩罚都会让人感觉亲近得多——用学术用语可以叫做"贴近"。研究进一步表明，比起遥远的组织因素，这些贴近的因素对人们行为产生的动力要大得多。

这也是为什么像"重组"这样的变革方式，并不能产生绝大多数CEO所预期的效果的原因之一。这种失望，以及对新的组织结构在改变个人方面的局限性的无视，导致了一次又一次的重组。在众多公司中，高管们就像永远不愿意舍弃童年时代抢椅子的游戏。他们似乎忘记了（至少是未能理解）只有组织中的个人行为发生变革的时候，新的组织结构才能发挥效用。但是员工们态度和行为依旧保持不变，因而结果也未能改变。

为了避免误解，让我们再强调一次，对于变革来说，改变战略、结构或者系统都很重要。它们使变革得以成功，但是它们并不是变革本身。遗憾的是，在众多案例中，高管们都把这些成就当做最终结果。一旦战略、结构或者系统发生了改变，他们就认为工作已经完成了，"其余的自会水到渠成"。简直错得离谱！成功的核心——战胜第三道障碍的关键——取决于改变许许多多的个人，而不仅仅是组织层面上的变革。

可惜的是，改变个人并不是件容易的事，当改变幅度很大的时候更是如此。重力始终是一个强劲的对手。思考一下，一架飞越大西洋的飞机在起飞和爬升至高空时将耗费 1/3 的燃料。飞行到 3 500 英尺的高度时，飞行员认为最艰难的时候已经过去，可以放松一下，于是收回油门了。此时飞机肯定会迅速坠毁在大西洋，无法到达目的地。改变个人也是大同小异。促使人们行动起来需耗费巨大的能量和精力。然而，变革的旅程远不会止步于此，此后还有很长的一段路要走。

如我们在前文中所讨论的那样，人们善于自我保护，因此很自然会坚持做过的，尤其是有成功经验的事。绝大多数人都不是依靠信仰过活。他们的生存哲学往往是"眼见为实"。如若不然，他们会遵循任何一种疯狂的、未经证实的、不切实际的理念。事实上，很多职员会认为这正是高管们容易犯的错误。他们称此为"最畅销的管理方法"。许多经理们都盲从于最新的销售理念，而忽视了它是否有实效。

而职员们则在这些久经检验的心智地图的指引下，走在满是昔日辉煌的路上。理智上来说，他们自然会抵制那些异想天开的变革；他们相信并坚持曾经见证过的路。重力以及先前思维和行为的惯性时刻发挥着持续而强劲的力量。相反，新的目的地和道路看上去完全抛开了重力，是飘浮在空中的，而让雇员们仅凭信念前进。对大多数人来说，信念不是一个简单的概念。不信的话，你可以去问问任何一名教士、神父、牧师、和尚或者拉比（犹太教的法师）。哪怕只是让少数人从相信"眼见为实"变为"所想即所见"也是一件非常困难的事。仅靠使命宣言是办不到的，新的组织结构也无法达到。信仰与言辞、图片、台词无关，它关乎信任。

雇员们会问自己："我相信承诺的结果吗？我相信自己有能力适应新方式并取得理想的成果吗？当我倾尽所有的时间和精力踏上这条路，脚下的地毯会被抽走吗？在我对新事物感到疑惑的时候，会有人来解释新的战略、结构和系统吗？我相信这些吗？"

如果你正在尝试改变雇员的思想和行为，他们靠信仰行动的最初意愿将取决于对你的信任程度。如果信任你，他们就会勇往直前踏上征程。如果不信，就不会。

这些都是真的，但是说得有点哲学化了，现在让我们回到具体和实践的层次去。回顾一下机场登机服务员萨姆的案例，他在"您的每日航班"（YAA）工作。YAA整体还不错，但在乘客服务方面有所欠缺。但是，新任CEO宣布YAA将以"乘客第一"来赢取商业竞争的胜利。他甚至将这次新战略和变革项目命名为"乘客第一"。

萨姆听取了CEO有关"为什么对乘客不友善会损害乘客忠诚度和组织形象"的报告。他对个别讨论格外留心，比如为什么"乘客第一"会让YAA变得不同并使得乘客更多地选择乘坐YAA。他甚至仔细聆听，了解到更多的忠诚乘客，更高的乘坐率（CEO报告中用"客流量"这一术语），能给公司带来更高的收入，而萨姆也能随之拥有更稳妥和光明的未来。萨姆逐渐接受了新的理论指导和目标——"乘客第一"。他开始改变自己的思维领域。

YAA的新任CEO比绝大多数人更聪明，他不仅清晰地解释了为什么说"乘客第一"是个好点子，而且还告诉萨姆要如何做到。他提供了所需资源，使萨姆参加了相关培训，学会如何在登机口处理乘客的抱怨，用什么样的语气说话能使乘客感觉更愉快。通往"乘客第一"的路径越发清晰。萨姆不仅能看到终点，而且明白这条路行得通。那为什么萨姆此刻没有毫不犹豫地飞奔到这条路上呢？

像所有人一样，萨姆很聪明。他不会因为简单而盲目的信仰就行动起来，相反，只有面对他相信能给投资带来最好回报的前景，他才会采取行动。他甚至会下意识地比较努力与回报的比例。

过去，在萨姆的优先选项里，很容易把乘客放在第二位、第三位甚至是第十位。事实上，不以乘客为中心（萨姆所参加的"乘客第一"培训课程中的一个流行语）是一件十分简单的事情。萨姆以自我为中心简直不费吹灰之力。

比如，最近有一名乘客急匆匆冲到登机口，气喘吁吁但仍不停大声嚷嚷："我得登上那班飞机。"飞机尚未起飞，但是最后的乘客登机已经结束，舱门也正要关闭。萨姆备感疲倦，不愿意表现得特别友善。很轻松地，他用毫无同情心的语调说道："对不起，登机结束了。"乘客质问："什么意思，结束？我还看得见那飞机呢，它还没起飞。再说我迟到是因为你们另一架破飞机可笑的机械故障。"萨姆毫不费力地回复："我说了，登机结束了。"不顾身后乘客的胡话，萨姆轻松转身。萨姆只是走开了，花费的努力和付出都很少。

那获得的好处——萨姆付出的回报又是什么呢？显然，萨姆不喜欢听到盛怒的乘客胡说八道和咆哮。对，他当然不会喜欢这些。但是这些疯话和咆哮对于萨姆来说并非只有负面作用，因为随着时间流逝，萨姆对转身不理愈发熟练。那相比以乘客为中心，以萨姆为中心又有什么好处呢？权力和控制。乘客不能登机仅仅因为一个简单的原因——萨姆说了算。在萨姆的字典中这个结果可一点也不坏。事实上，感觉挺棒的。当谈及付出与收获的最佳比例时，萨姆无需依靠信仰行动。他通过经验得知"乘客最后考虑"能为他的付出带来最佳回报。一分努力（"对不起，登机结束"），三分回报（"我操控着你的生活"）。

现在再以"乘客第一"为方向考虑一下同样的情境。假设这位乘客到得太迟，超出了萨姆帮助他上飞机的权限，萨姆不得不拒绝这名乘客。但是，"乘客第一"的新战略要求他在措辞和语调上加倍努力。乘客照样大声嚷嚷："我得登上那班飞机。"萨姆也依旧会回答："对不起，登机结束了。"但是这次他得努力地使用充满理解和同情的语调。乘客又质问："什么意思，结束？我还看得见那飞机呢，它还没起飞。再说我迟到是因为你们另一架破飞机可笑的机械故障。"至此，"乘客第一"的新战略所需的投资正逐步增加。萨姆不得不设身处地地为乘

第六章
第三道障碍：未能完成

客着想，同时使用更富同情的语气。萨姆需要这样考虑："我能理解乘客所遭受的挫折，任何人在此情形下都会备感沮丧。"

但同情还远远不够。"乘客第一"的组织性变革要求进一步的行动。之前萨姆只需不理睬乘客，现在他却得花费大量的精力来帮助乘客解决问题。为了把事做好，萨姆得知道YAA的哪些航班能使乘客到达目的地，有没有其他航空公司的航班可供选择。同时，萨姆必须处理好这些信息，他需要说一些类似这样的话："我明白这种情况有多让人沮丧，我会尽我所能帮助您尽快到达伦敦，40分钟后将有另外一班航班，我想我能帮您登机，或许还能为您将座位升级。"

对于所有在态度和精力上的额外付出，萨姆获得的回报是什么呢？一开始，他并不确定。他首次尝试这种新办法时，需要靠在培训中或者老板的承诺中建立的信念来行动。萨姆希望得到承诺中的微笑和"谢谢"，但是他真正得到的又是什么呢？第一次尝试新办法时他能得到的只是乘客的针锋相对："我才不管什么升级或者迟些离开，我就要登上这班飞机，难道你不明白我要的就是这班吗？"

此刻萨姆几欲反唇相讥，但是他选择了凭借信念走得更远一些，因而他说："我能理解您所受的挫折，但是正如我所说的，我只能让您搭乘下一班去往伦敦的航班。"最终乘客缓和了语气，勉强同意搭乘下一班航班，却没有留下任何感谢的话语。

很自然的，萨姆对新旧"投资回报率"做了比较。旧的方式是：无需太多努力，回报是大权在握的感觉。新的方式是：费尽心思但收获颇微。萨姆会不会继续坚持认为随着时间的累积奖励会有所增加，乘客会微笑着感激他呢？他会不会继续相信最终乘客的微笑和感谢会转变为公司的绩效，从而使得萨姆有一个更加保险和灿烂的未来？

可惜的是，这只是萨姆个人的想法。在遇到这种情况时，没有其他任何人在登机口——老板不在，同事也不在。身旁没有任何人说："做得好。"没有人鼓励他去坚持信念。

当这种类似的场景一遍遍重复，我们就很容易能明白为什么萨姆会疲倦。如果萨姆感到疲惫了，我们轻易就能发现旧心智地图的巨大拉力是如何强势压倒那些能够使得萨姆朝着新事物开始行动的最初动力。如果考虑到在公司中会有和萨姆相似的其他数百名登机服务员,那我们很容易就能发现为什么"乘客第一"的新战略可以善始却不能善终。

学习曲线可以被形象化。萨姆早已熟悉旧式的学习曲线。他对"乘客最后考虑"的方法极为熟练。和任何一条学习曲线一样,高熟练度能带来目标结果,正如图6—1所示。而目标结果又进一步巩固了这种行为,因此,你会进入一种二者彼此促进的循环中。

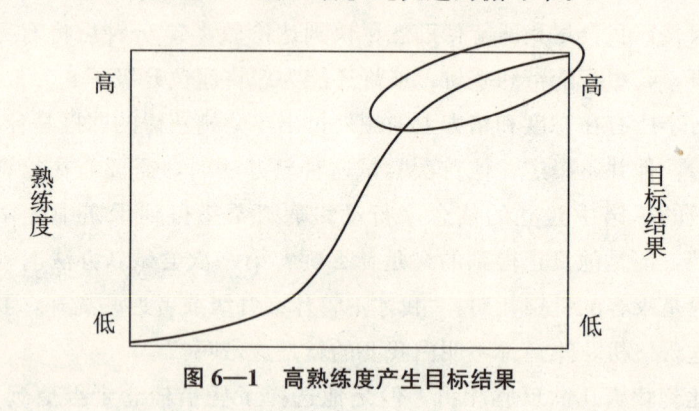

图6—1 高熟练度产生目标结果

当你进入一条新的学习曲线,曲线中的第一部分最伤脑筋。不管学习曲线是有关一种新语言、新乐器还是"乘客第一"的行为。任何一条学习曲线的第一部分都具备高投入、低效益、低产出的特征。50年的心理学研究已经证明糟糕的结果会使得先前的行为逐渐消失;糟糕结果的心理暗示倾向于抛弃带来糟糕结果的行为,正如图6—2所示。

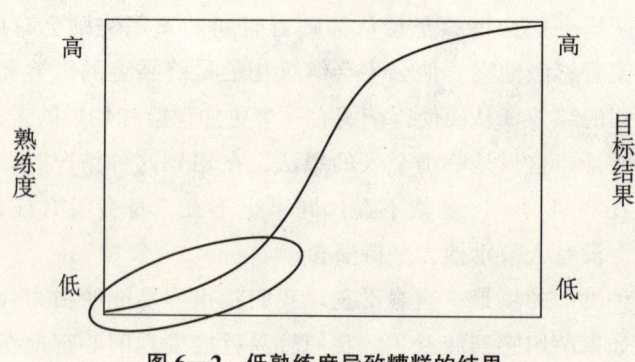

图6—2 低熟练度导致糟糕的结果

总之，人们会因为疲倦而无法为变革坚持努力到最后。他们当然会感到疲惫，因为变革需要精力和努力。变革得越多，个人改变所需的精力和努力就越多。比需要花费一定量的精力更为重要的是一种疲倦感——个人为新征途付出的很多努力，却只能得到很低的"投资回报率"。当昔日主宰的学习曲线实实在在地张大怀抱，等着迎接雇员们回归，雇员们很容易会对依靠虚幻信念的行动感到疲倦（见图6—3）。对于绝大多数人来说，他们更愿意回归快乐，享受在过去的竞争领域所达到的高熟练度，而不愿意选择在新领域中由于低熟练度而导致的挫折。

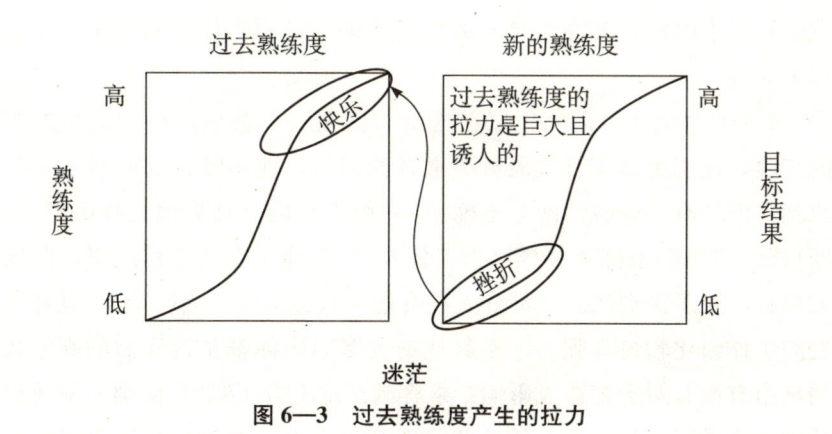

图 6—3 过去熟练度产生的拉力

迷茫

由于人和组织的重大转变是一次漫长的旅程，在途中人们不仅会感觉疲倦，还容易迷茫——甚至迷茫得厉害。在长长的变革之途中，他们忘记了是从哪里开始的，他们现在又在哪儿。一旦所有的不确定因素聚在一起，又没有新领域的指南，职员们便会迷茫，进而减弱前进的劲头。

为了更好地了解，我们唯一要做的就是回到登机服务员萨姆身上。当我们上次提及萨姆的时候，他已经疲惫万分。将乘客置于第一位颇费心力。在许多事例中，这种额外的付出却不能换得额外的益处。YAA十分幸运。比起一般人，萨姆愿意凭借信念走得更远一点。萨姆通过过往经验得知，绝大多数时候是眼见为实，偶尔才是所想即所见。他明白有些时候有些事情只有先相信了才会看到。他相信作为老板的你，这使得在未来坚持信念更容易些。因此，他继续为"乘客第一"付出努力。他从你那儿得到了一些鼓励。他也对于其他看上去跃跃欲试的同事予以特别关注。对于那些说"乘客第一"坏话的同事，他选择了无视。

6个月过去了。萨姆比以前更富有同情心，会使用培训时所教授的言语，还能更迅速有效地解决乘客的问题。他感觉自己取得了一些成就，但是有多少呢？他并不确定。"组织里的其他人怎么样呢？"他问自己，"他们也像我一样努力工作吗？"在他所在的工作组里，萨姆知道自己属于少数派。大部分人没有把"乘客第一"当回事。"是我所在的工作组比较特殊呢？还是其他绝大多数团体都是这样做的呢？我的努力有没有对乘客造成影响？乘客满意度上升了吗？"萨姆不知道事情进展到了哪一步。他开始迷茫。不管怎么说，他为什么还要继续前进呢？

正如萨姆的问题所揭示的，他关心个人和公司所处的状态。他想知道自己走了多远了。他感到自己取得了进步，但是不知道进步有多大，剩下的部分还要付出多大的努力。他也想知道公司走了多远。萨姆不希望自己是在孤军奋战。他知道个人福利（更加稳妥的未来）很大程度上取决于组织的福利（更好的财务业绩），也明白单凭个人努力无法达到组织的理想结果。如果其他人不做类似的事情，不取得类似的成就，萨姆就无法享受到他所相信能得到的福利。

遗憾的是，对于萨姆之前"乘客第一"的行为，没有任何标准能用于对乘客满意度进行测量。在新的战略启动之前，不管是萨姆还是

第六章
第三道障碍：未能完成

老板，都不太清楚此前乘客对萨姆的满意度。更为遗憾的是，启动新战略之后也一直没有采取任何方式测量乘客满意度。萨姆感觉气冲冲走开的乘客减少了，微笑着说谢谢的乘客增多了，但是和这么长的时间相比，这些变化实在是太过细微，以至于很难形象地发现和记住这些区别。

不过基于 YAA 的公司管理水平，还是进行了一些基础测量。比如，公司有一些措施用于计算变革前每千名乘客的投诉率。事实上，作为这方面表现最差的航空公司之一，这就是促进"乘客第一"变革的关键。公司的高管们记录了最近几个月每千名乘客的投诉率。他们还记录了常客们的重复飞行，以此作为乘客满意度的重要测量依据。最后，高管们甚至在变革初期和最近都邀请了外面的咨询公司对乘客满意度进行调查。

毫不意外的，结果很复杂。YAA 在进步。每千名乘客的投诉率急剧下降，YAA 甚至在这张排行榜上从最后一位爬到前五。但是实际上乘客满意度却在下降。咨询专家们解释道，这是期望上升导致的结果。在变革前，YAA 的乘客们并不期望能获得多好的服务。随着"乘客第一"的开展以及大众的关注，乘客们的期望值上升。尽管"乘客第一"的行为得到改进，但是改进速度却跟不上期望值的上升速度，结果乘客满意度反而下降了。

YAA 的管理者们担心这类信息的公开会带来很大的风险。如果竞争者们率先得到了这条信息怎么办？如果雇员们因为乘客评分的下降而感到沮丧，而又无法接受这样的解释怎么办？如果某些人将这条信息泄露给媒体怎么办？大量类似的问题使得 YAA 的管理者们不愿让任何人知道事情的进程如何。

作为萨姆的老板，你听到了一些有关事态发展的谣言，但是没人告诉你具体的数据。当萨姆询问进程的时候，你只能说你没有听到任何来自官方的数据。当萨姆问到他个人的进步时，你要如何回答？你会试着告诉他"你做得很棒"，但是对此他看上去并不满意，他想知道具体好在哪里，哪些地方还需要加强。你"再接再厉"的言论并不能让他的脸上绽放出笑容。

毫无疑问，萨姆疲惫而迷茫。如果这是一次野外的徒步旅行，在萨姆不知道自己身在何处，取得了多大的进步，离他想去的地方还有多远的情况下，我们还能指望萨姆坚持多久呢？

即使明白了过去正确的事情现在是错误的，认识到新的正确的事情是什么，甚至还使雇员们相信，面前的路能使他们把一件新的正确事情从做得生疏过渡到做得很棒，我们仍然很容易就能理解为什么变革的努力会逐渐变少，它们无法走得更远是因为人们感到疲惫和迷茫，因而无法完成。它们无法走得更远或者更快。这些原本在控制之中的因素最终却未能找到正确的力量，反而在起飞后被"绊倒"，任由第三股不可抗拒的力量拉回，坠毁在地面。

战胜最后一道思维障碍

下一章会概述战胜第三道也是最后一道思维障碍的几个关键。如果没有这些知识，即使变革打破了发现和相信的障碍，要想持续下去也几无可能。

在第七章列出这些关键的步骤之后，第八章将回顾各大法则，并对应举出一系列综合性的案例。在对这种模式加以确认，并与成长的挑战进行整合之后，第九章将采取最后的务实措施，确保我们提出的方法和模式在现实生活中具备强大的实用性。

It
Starts
With One

第七章　突破第三道障碍的方法和工具：帮助人们完成变革

在耗费了所有的时间和精力来突破前两道思维障碍，帮助人们了解到变革的必要性并行动起来之后，如果因为未能完成而目睹所有的努力功亏一篑，是非常令人心碎的。我们在上一章提出过，未能完成主要是因为人们感到了疲倦和迷茫。这两个罪魁祸首使得人们无法行动得够快或够远，以致难以获得成功并保持下去。针对二者的解决办法便是提供榜样和描绘进展。

提供榜样

记得YAA的登机口服务员萨姆在发现并相信"乘客第一"的改变之后，疲倦感尤甚吗？他以自己的行动种下了"乘客第一"的种子，但就像其他的种子无法在一夕之间发芽或开花一样，萨姆的行动也需要持续的呵护和培育，尤其是在成长的初期需要多加关注。萨姆最初的几次"乘客第一"的行为最为关键。此时的种子极其脆弱，栽种之后若不浇水，就很有可能夭折。

YAA非常幸运，在回报毫不确定的时候萨姆能尝试这个试验。那帮助呵护、浇灌、培育这颗新种子的榜样又在哪里呢？期待萨姆或者其他人仅以自我为榜样是不现实的。如果没有其他人作为变革的榜样，萨姆会疲倦，会放慢变革的脚步，甚至有可能在距离终点不远处放弃。

大多数人谈及变革的榜样时，指的多是来自高层的确切而有力的支持。位高权重的榜样有助于突破第一道障碍，但是对于第三道障碍，他们却几乎毫无作用，怎么会这样呢？

为了便于理解，现在你把自己放到萨姆的位置上。你发现了变革的需要并着手行动，也确有改变发生。但是，由于所处的是学习曲线的最初部分，因而对于新行为毫不熟练。而熟练度不高会产生不尽人意的结果。比如，当你尝试着实施"乘客第一"，表现出同情心并试着去解决乘客的问题时，乘客却依旧大叫大骂，此时CEO是不是百分之百地支持这个"乘客第一"战略性变革，你还会有多在乎？在那一刻，无论是CEO、董事局主席，还是其他高管，哪怕他们百分之一千地支持"乘客第一"，你都不在乎了。这个时候，真正的榜样会影响你，让你不那么容易疲倦、迷茫，以至于放弃，他会来到你的身旁，告诉你："萨姆，看，我知道一切不那么顺利，但你已经做出了极大的努力。你试着表现出同情心，帮助乘客解决问题。坚持住！"更明确地说，当谈及第三道障碍时，变革的榜样会在身边密切关注行动，而不仅仅是高高在上，这对于事情的成败有重大影响。

在大规模的变革中，将足够数量的（先把质量放一边）榜样安置到位来确保早期的信念之路得到支持和巩固，以使得所有早期种下的种子接受培育和浇灌，既不实用，也不可能做到。如此说来，鉴定和设计一些早期的示范区就变得十分关键了。它们被称为"示范区"，就说明既不是实验或测试项目，也不是其他让人们有机会对高管们的信任产生怀疑的东西。早期的示范区需要一些熟练而积极的榜样在一边指导行动。只有这样我们才有挣脱第三道障碍束缚的机会；也只有这样你才更有把握去帮助雇员们，使他们不至于疲倦、减速，甚至早早

第七章
突破第三道障碍的方法和工具：帮助人们完成变革

放弃。

榜样们必须知道要寻找什么，要加强什么。他们还必须知道要如何巩固他们追求的东西。想象一下作为萨姆的老板，你要寻找的东西是什么？你重视的是结果还是付出的努力？许多变革方面的书籍都谈到"庆祝早期的胜利"，这就是把重点放在结果上。问题是在改变曲线的早期，由于熟练度太低，值得庆祝的优秀成果往往寥寥可数。从我们的经验来看，"庆祝早期的胜利"的目的棒极了，但庆祝的对象却很糟糕。你应该看重付出，而不仅仅是结果。在早期，你会发现大量值得庆祝的付出，惊人的成就却有限。

一开始，萨姆并不擅长"乘客第一"，QuadQ公司的研究人员对跨行合作也不甚在行，文件处理也不是施乐公司的销售员工的特长。初期的不擅长往往会导致消极的结果。我们无需花60年（尽管确有其事）来研究这些必然但消极的结果是否会扼杀那些值得称赞的新行为。而榜样们的任务则是对抗这些消极的力量。总结一下，你需要做的是：

- ▶ 紧跟行动。
- ▶ 寻找令人满意的付出，而不是结果。
- ▶ 用积极的行动对抗消极的结果。

回顾第五章能帮助你制定出合适的奖励措施。认识员工以及了解他们真正看重的奖励非常重要。对于一些人来说，简单的表扬就好，对于另一些人来说，则需要告知他们比别人做得更棒。事实上，并没有什么万能公式能告诉你该用哪一种奖品来鼓励员工们的早期行为。我们所能提供的不过是一个基本的奖励框架，能告诉你员工们通常的喜好。而只有你才能挖掘出对于特定的个人，最有效的奖励是什么。这也是为什么在理念落实到行动时榜样如此重要。在最初付出了足够的努力却得不到理想的结果时，榜样们能巩固那些值得称赞的行为。为了确保榜样们能够有效地对抗最初的阻力，我们将提供两个简单的工具。

第一个工具向你详细描述需要倡导的三个关键点。第一，提前明白落实理念的行为非常重要。对于变革来说，要获得牵引力并产生影响，需要做到什么？（令人惊讶的是，尽管接触地面的只是轮胎的5%，但这一部分橡胶却提供了全部的牵引力。）第二，对于在跟进新理念的过程中因为不熟练而导致的负面结果，也需提前鉴别。榜样们必须弥补这种消极的后果，以使雇员们不会因为沮丧而放弃。最后，当雇员们做出了正确的努力却没有收到理想的结果时，这些榜样们所要采取的行动也十分关键。我们使用以下工具（见表7—1）来帮助变革先锋们理清这些关键的因素。

表 7—1　　　　　　　　　　理清榜样行为的工具

理念落实的行动	最初的不熟练导致的消极后果	榜样们的关键补偿措施
1.	1. 2.	1. 2.
2.	1. 2.	1. 2.
3.	1. 2.	1. 2.
4.	1. 2.	1. 2.
5.	1. 2.	1. 2.
6.	1. 2.	1. 2.

至此，我们一直在假设榜样们能实行所有的补偿措施，但事实上这种情况却并不常见。对于很多身处一线的榜样来说，这个角色还需要展现新面貌。因此，必须简单但系统地评估出所需的能力、现有的能力、二者的差距以及弥补差距所需的行动。表7—2展示了能够提供此方面帮助的工具。

第七章
突破第三道障碍的方法和工具：帮助人们完成变革

表 7—2　　　　　　　　测量榜样能力的工具

榜样评估			
所需能力	现有能力	差距	跨越差距的行动
		是 否	1. 2.
		是 否	1. 2.
		是 否	1. 2.
		是 否	1. 2.
		是 否	1. 2.
		是 否	1. 2.

通过这两个工具，你能更加明白人们在哪里会感到疲倦以及疲倦的理由，也能更好地把握为了弥补前期行动迟缓所应该采取的行动和运用的榜样。在熟练度达到足以使积极的结果和理想的行为进入良性循环前，这些工具能够帮助你们始终保持改变的势头。

描绘进展

在萨姆种下几颗"乘客第一"的新种子时，确保他身边有一位榜样（这个人不一定非得是萨姆的上司）非常重要，但是这还远远不够。你应该能回想起来，在几个星期或者几个月后，萨姆逐渐想知道自己做得怎么样，组织又取得了怎样的进展。如果得不到相关的信息，他就开始感到迷茫；而一旦感到迷茫，他就会失去坚持的动力。

当要对变革进展进行评估时，从高层到一线员工都需要囊括其中。YAA 中的萨姆们都希望知道整个组织的状况如何，因为他们获得的部分奖励是与之挂钩的。此时的状况无论是好是坏，都需要进行交流。如果没有交流，萨姆就会胡思乱想，甚至想到最糟糕的情况。如果他认为没有取得任何进展，那还有什么理由坚持？依我们的经验来看，99%的情况下，不管实际状况有多糟糕，都比不上人们自行想象的程度糟糕。高层信息的匮乏使员工们时刻都在自行想象。这一点很关键，值得我们一再重复。人们不能也不会长期不下结论。如果缺乏来自经理层的信息或结论，他们就会自己下结论。通常，他们会认为事情如果进展顺利，他们肯定会听说。如果他们什么也没听到，情况一定很糟糕——非常糟糕。关键的一点是，那些担心雇员们会夸大坏消息，而指望如果不公布新信息就能阻止他们胡思乱想的人，其实是大错特错的。

同样地，担心萨姆和其他雇员不够聪明、不够老练，而无法理解一些复杂的事物，诸如为什么"乘客第一"的行为实施得越多，乘客满意度反而下降，这也是一种误解。如果萨姆聪明老练到能明白"乘客第一"才是未来之路，他又怎么会突然变蠢呢？如果他能把握前进的方向，肯定也能了解到潜在的岔路。

除了要进行组织评估和进程沟通，获得成功还需要对个人进行激励和交流。毫无疑问，萨姆会关心组织的情况，但他会更多地关注自己的进展。要么是老板直觉性的测量，要么是依据规范的检测。无论是哪一种情况，萨姆都想知道自己进展如何。他希望了解到进程是没能达到，勉强达到，还是超过了期望。他希望知道还有多长的路要走。他需要更进一步的建议、咨询和鼓励。如果没有个人微观层面的激励和反馈，组织宏观方面上的进程细节就无法使萨姆从迷茫、放弃和半途而废中解脱出来。

变革进展仪表板

除了最简单的变革方案，还有一系列措施可以创造大量的信息，

第七章
突破第三道障碍的方法和工具：帮助人们完成变革

来与人们交流。我们将从飞行和驾驶中得到应对这一挑战的启示。尽管面临数百种潜在的提示，有效率的飞行员和司机一般会关注几个关键的功能。因此，这些关键的功能在飞机上往往一抬头就能看到（或者显示在汽车的仪表板上）。在飞机上，速度、高度以及航向都是关键的测量指标。同样地，任何变革方案都必须限定测量指标的数量，以使你注意力更为集中。你可以将这些数据表称为变革测量仪（见图7—1）。

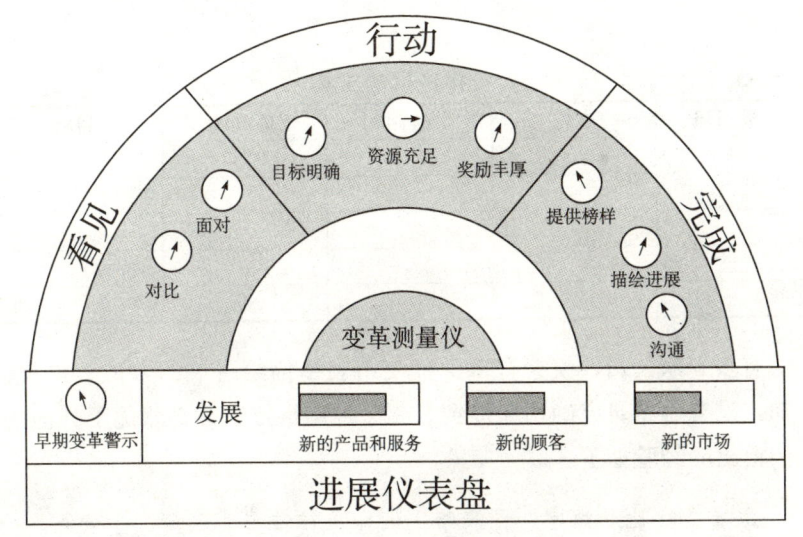

图7—1 变革进展仪表板

依据我们的经验，有五个基本因素需出现在仪表板上。尽管它们都不新颖，但是对于突破最后一道变革的障碍十分关键，许多变革方案能善始却不能善终的重要原因就在于忽略了它们。

● **对象**。首先，你得确定关键的测量对象。比如，如果我们回到登机服务员萨姆身上，乘客的抱怨就是一个衡量"乘客第一"是否有效的关键指标。同样，也可以是乘客满意度。

● **方式**。接着，你应该确定这些测量应该如何进行。比如，航空公司统计投诉率时，会以每一千位乘客中的书面投诉量为基准。乘客满意度则采取随机抽样的方式。

◐ **时间**。第三，确定测量的时间很关键。比如，有的测量方法相较于其他方法要更为困难、费时，只有测量的时间够长才会得出有效的结果。

◐ **基准线**。一旦测量的对象和方式确定了，在变革开始前建立一条基准线就变得十分重要。如果没有基准线，很难得知进展怎样。

◐ **目标**。最后，建立一个目标等级也很关键。萨姆每月得到的投诉是要少于10，还是少于1呢？表7—3能帮助你理清这些变革的衡量因素。

表7—3　　　　　　　　安排进展的工具

测量对象	方法	时间	基准线	目标
1.				
2.				
3.				
4.				
5.				

有多少家公司，就会有多少种使用表格描绘进展的方法。据我们所知，没有哪项研究确切地提到有哪一种衡量方法是必然优于其他的。我们得出的经验如下：

◐ 首先，比起数字，图表给人的印象往往更为深刻。

◐ 其次，伴随进程绘制的涵盖最终目标的图表，对于防止人们迷茫最为有效。

变革沟通方案

落实了测量的关键因素后，下一步就该决定基本的沟通方案了。本书整个都在讲述有效的沟通方案，因此我们不再一一重复所有的观点。但是，有几条基本规则还是值得回顾的。

🔸 **对象**。所有的沟通方案都以确定信息的接受"对象"为开端。从我们的经验来看，企业总有一个错误的倾向——只让极少数人分享变革的进程。我们评估职员们对沟通尤其是与战略变革相关的沟通的满意度时，从来都没发现有哪种情况员工们感到了解了进程的职员过多。在绝大多数情况下，那些未能囊括在信息接受者行列的职员们总相信他们应该知情。现在，我们并不是说职员们总是对的，总是应该被囊括在内的，但是他们的感受却能很好地描绘一种现象——限制沟通对象比扩展接受者的名单要容易得多。

🔸 **内容**。接着，应确定分享的"内容"。正如先前提到的，最好是无论消息是好是坏都应该共享。你认为有些人确实能实现你所需的变革，但同时你也觉得他们还没有成熟到能了解变革进程的真实情况，很显然，你采用了双重标准。

🔸 **时间**。"时间"是第三个关键因素。我们应该采取一些更为频繁的测量方式。因为在某些情况下，并非所有的信息都能在同一时间传递。一般来说，直到知晓全部情况才作沟通是一件糟糕的事。人们在等待消息的时候容易感到迷茫，因此，信息逐步地通知好过最终一起通知。

🔸 **方式**。这个时代各种通信媒介为进展的沟通"方式"提供了独特的挑战。由于选择（邮件、语音邮件、蜗牛邮件、视频、面对面交流、演讲等等）太过宽泛，你可能要在不同的时段，依据不同的内容而选择不同的媒介。例如，如果传递的内容是"乘客第一"的项目开展后消费者满意度却下降了，我们就应该选择诸如演讲或者视频等能传递更为复杂和丰富内容的媒介，而不是一大堆邮件。表7—4中的工具能帮助你理清变革方案中的基本点。

表7—4　　　　　　　理清变革方案的工具

沟通计划			
对象	内容	时间	方式

再次强调，本书的目的并不是为你描述沟通方案的细节，而仅仅是要强调方案提出的必要性，四项核心内容应该被纳入其中。

综述

总的来说，我们所使用的模型对重新规划变革时会遇到的障碍从宏观理念到基本框架都做了概述。因此，如果你能记住看见、行动以及完成的过程中会遇到的障碍，就也能想起用于重新规划变革的模型。简单概括第一、二、三个阶段：看见，行动，完成。

设计的这三个实施变革的阶段，是为了应对和克服变革的三大障碍。

未能看见源于成功先例的束缚。越成功，越盲目。为了打破第一个障碍，人们必须了解到环境已经改变，过去正确的事情现在是错误的。他们必须看到（从思想上理解）新的正确的事情是什么。打破障碍帮助雇员们看到过去正确的事情现在是错误的，以及新的方向在哪里，这需要强烈的对比和面对。提高对比和面对的程度则需要我们关注核心的不同之处，集中描述，重复信息，以及使人们进入无可抗拒的对比体验之中。

未能行动是因为人们没有动力从擅长的错的事过渡到不擅长的对的事。为了打破第二道思维障碍，人们必须沿着正确的道路前行，才能实现把正确的事情做好的过渡。只有目标明确，能力和工具到位，奖励按需提供，雇员们才会相信在正确的事情上能实现从笨拙到擅长的演变。

最后，**未能完成**是因为雇员们感到疲惫和迷茫，因此无法走得更快或者更远。获得成功需要榜样们巩固和保护雇员们在变革初期的尝试，需要去赞扬那些凭信念迈出的步伐。它需要监控进展、与个人沟通以做到集体改进。

　　总而言之，看见、行动和完成是战胜那些阻碍组织持续变革的顽固力量的关键。

第八章 综述

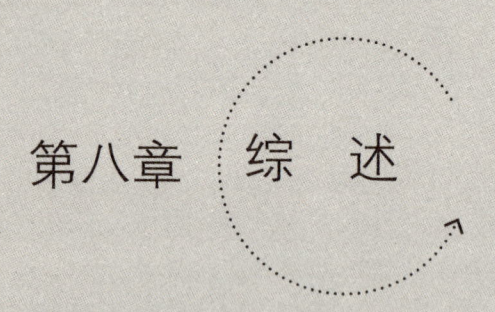

　　至此，我们已逐一分析了变革模式的基本要素。尽管这样分开讲述有利于强调和阐明具体的部分和步骤，但是在实际情况中，领导变革需要把这些要素整合起来。本章的目的就在于帮助大家整合这些要素。然而，由于领导战略性变革不仅限于 CEO 们，所以在整合过程中，我们也需要中层经理人的经验和才能。另外，由于有效的变革不仅要内部员工的参与，也要外部的客户和供应商来参与，本章会举例说明这一点。最后，对于我们来说，战略性变革不仅要改变他人，同时也要改变自己。在本章末，我们谈到了一个 CEO 为了引起公司的战略性变革而作出的自我变革。我们希望通过各种例子，让大家对这三个核心要素的整合有个理性的认识。

一次呼叫解决所有问题

　　第一个例子在大多数变革中都会遇到，它实际上是在组织中层发生的。我们从这个案例讲起，不仅是因为大多数战略性变革实际上都有类似情况发生，而且还因为在这个层面上领导变革经常需要的不仅仅是你的下属或你周围人的变革，你的上级（老板和老板的老板）的变革也是一样重要的。每个读者从自身经历中都可以知道，上层的领导战略性变革可以说是最困难的任务之一。

我们要评论的这个案例讲述的是一个高级中层经理在一家拥有辉煌历史的公司中领导一场变革——这家公司很久以来一直在做正确的事情并做得很好。然而，一个关键技术的出现创造了能够为现有客户提供更好服务的新机会。在这种情况下，高层经理已经认同新技术的大致功效并且同意采用。但是，他们还不太看好在组织中真正实施该技术能带来的具体影响。现实的处境就是在高层经理看好这一技术之前，采用这一新技术有可能实际上会损害客户满意度和销售情况，而不是对其有所帮助。

这个公司就是联邦快递，这个面对挑战的经理名叫劳里·塔克（Laurie Tucker）。几乎每个读者都知道联邦快递从1971年创立之初就开始的非凡成长和成功，当年4月17日就能实现向25个城市寄送186个包裹。它最初的运作模式放在现在也算是个传奇。佛瑞德·斯密斯（Fred Smith）认为如果你能建立一个能联系关键城市的中心基地，你就能将包裹在第二天从一个地点寄送到另一个地点。他相信客户会非常关注速度，因此愿意为这类包裹或文件的次日到达支付快递费用。

这个基本业务模式从70年代到80年代运作得非常好。在80年代中期，软件技术和计算机功能的快速发展使得联邦快递标记和跟踪成百万计的每一个包裹从寄发地到目的地成为可能并且更经济有效。用这种技术，联邦快递能够提供给客户真正意义上的快递能力，并且可以使客户知道自己的包裹在旅程中任一个点的位置。联邦快递发现客户喜欢这种能力，因为这能使其感觉放心，他们知道自己的包裹正在寄送并且非常安全。为了支持这种业务，公司建立了呼叫中心以便客户可以查询他们包裹的状态。随着这项业务的普及，联邦快递仅仅在美国本土的短途业务中就建立了16个呼叫中心。

到了1998年,联邦快递看到一项特别的技术——互联网——可以提供一种新的方法以增强对联邦快递客户包裹状态的跟踪。使用互联网,客户不需要再给呼叫中心打电话来获得他们包裹最新状态的信息,他们只需要很简单地通过互联网查询就可以。通过分配给每个包裹的跟踪编号,客户就可以查询到包裹状态,无论白天还是夜晚,无论是在办公室,还是在路上或者家里,而无需在呼叫中心占线时等在电话机旁。不出所料,大多数客户很喜欢联邦快递这种加强的包裹跟踪服务。这项新的基于互联网的跟踪系统还帮助联邦快递减少了雇用新的呼叫中心业务代表的相关成本。更低的成本也就意味着更多的利润。高层管理人员作出战略决策以推动这个新的业务,到1999年公司已经建立了网站以供客户浏览并跟踪自己的包裹。

这项战略业务最终同时得到了最初设想的预期结果和意料之外的结果。首先,如同预期那样,客户很愿意掏钱支持这个新业务,联邦快递得到了收入增长。客户真的很喜欢只要简单点击就可以在他们需要时随时检查他们包裹的状态,尤其是在寄送国际包裹的业务上更是如此。正如希望的那样,重复的业务在不断增长。但是,并不是所有的客户都很开心——出乎预料的是,一些客户在跟踪他们包裹时,仍然会打电话问一些有关他们包裹运转的复杂问题,还会问一些有关网络,尤其是网络使用方面的问题。但问题是呼叫中心业务代表无法进入网络,而且也没有接受过对此类专门问题所进行的单独专业培训。由于不能回答网络问题或者超出他们知识范围之外的专业问题,呼叫中心业务代表只能将客户电话转接以获得相应问题的答案。这种状况肯定会导致客户等待时间的延长,而且掉线现象会经常在一个又一个的转接过程中出现。这些状况没有一个是客户愿意接受的,而且非常容易激怒他们。因此新的技术对于此类客户而言,实际上是在降低他们的满意度和他们重复使用该业务的可能,而通过他们口口相传,有关联邦快递的负面信息会增加。

公司面临从旧的心智地图转向新的心智地图的挑战,如何组织和运行一个呼叫中心的任务就落在了劳里·塔克身上。她所要做的第一件事就是改变职位在她之上的高级管理人员的心智地图。她需要帮助他们明白，随着互联网的出现，原来呼叫中心的专业业务代表可以很好地完成工作，但不能很好地适应未来的发展。她需要帮助他们明白，使业务代表拥有更强更广的能力以及能够回答所有客户提出问题是新的正确事情。她将这一"新的正确事情"简称为"一次性呼叫"(One Call)。

突破这场变革的第一道障碍并不简单，但却非常重要。只有让高层管理人员看到这种变革的必要性，塔克才能得到实现一次性呼叫变革的资金。为了对比、冲击和改变高层管理人员的心智地图，塔克和她的团队制作了一个短片。这个短片展现了一个正在上网的客户向业务代表提出了一连串的问题，而业务代表却由于无法上网和没有接受这方面的训练而无法回答客户的提问。最终，业务代表只好向高级人员询问，当他回来时，客户早已挂了电话，或已另打电话询问其他业务代表。

这个对比吸引了高层管理人员的眼球：他们可以看到和听到旧方法的缺陷。"一次性呼叫"使客户可以只用一个电话就得到满意的信息而不用不断地变更业务代表，短片中的图像对比使"一次性呼叫"的计划很快被高层管理人员接受。

因为呼叫中心的业务代表直接受旧方法的困扰，所以他们更倾向于接受这种变革和变化。从这个角度讲呼叫中心的业务代表已经看到变革的必要性并已经为下一步变革模式做好了准备。

然而，雇员看到变革的必要性并不意味着他们会改变。没有能力、知识、资源和培训，他们不得不做新的正确事情（尝试在用一个电话回答客户的所有问题），但是做的效果又不好。正如我们前面讨论过的，虽然人们看到了变革的需要，但这一问题成了困扰人们的、关乎成败的障碍。

确实，在联邦快递案例中，所有的业务代表都在一定程度上为他们是否有能力完成一次性呼叫任务而感到焦虑。业务代表知道他们自己有专业的知识，而且想知道他们如何才能回答客户可能提出的所有问题。事实上，他们担心的就是其专业知识和经验能否回答客户提出的专业问题，他们是否能够变得有足够的知识来回答较难的问题，这些问题并不仅仅是一方面的专业知识,而是跨越多领域的专业知识。对于一次性呼叫中心的工作,电话业务代表必须在各领域进行交叉训练,例如客户通关、严格的具体限制等等。这样客户就不会在挂电话时还困惑不解。正如一次呼叫所产生的"商业嗅觉",一次性呼叫中心的业务代表并不会对从他们胜任的专业领域到他们不胜任的一个更广的领域都感兴趣。除非业务代表知道如何从胜任一个专业领域到胜任各个专业领域,否则他们即使明白战略上一次性呼叫的重要性,也仍然不情愿朝这个方向改变。

最值得关注的是,大部分业务代表平常没有运用公司网络上互联网的经验。所以,为了进一步推进计划,业务代表不仅仅需要联网,还需要学习关于如何运用公司网络和如何利用网络回答人们提出的问题以及网络的其他各种功能。

基本上,塔克和她的团队不仅需要帮助业务代表明白变革的必要性,还要使业务代表真正采取实际行动,这是非常重要而复杂的。正如本书所阐述的,仅仅突破第一道障碍帮助人们看见变革的必要性是不够的。

为了突破第二道障碍,塔克和她的团队要保证所有必需的资源条件得到满足,这样才可以使电话业务代表采取实际行动。他们小组要做的首件事就是确保业务代表能够登陆公司的网络并且接受培训。

保证业务代表有知识和能力回答大部分客户的问题是一个更加复杂的步骤。首先,塔克和她的团队认为试图一次性对所有的业务代表进行全方位的培训是一个很糟糕的主意——这个计划工程浩大却没有效率。所以,团队决定总结出涉及所有专业领域最常见的问题。他们利用访问和其他数据来确定这些问题。他们要找出20%的问题,这20%的问题占客户提出问题的80%。这样塔克和她的团队就可以使业务代表不用掌握客户可能问的所有问题而更快地接受新的学习曲线。利用这个20/80规则可以使业务代表更容易明白他们能够胜任这些新的正确事情。一旦这个20/80规则付诸实践,业务代表们就可以回答所有专业领域的大部分问题,然后再训练这些业务代表回答客户问的较少涉及的不同专业的问题。

下一个挑战就是：一旦电话业务代表进入互联网并得到一次性呼叫业务的培训，如何使业务代表相信他们会因使用新的方法而得到奖励？根据旧的规定，电话业务代表根据接线次数来衡量薪酬和奖金。换句话说，你一天接的电话越多越好，每个电话你用的时间越短越好。可惜，这和一次性呼叫业务的目的是相违背的。一次性电话呼叫业务的目的是使客户的问题全部通过一次呼叫、由一个业务代表来解决。因而，旧的接线次数计算和薪酬衡量方法必须废除。取而代之的是，业务代表的工资和奖金将与客户的满意度和包括效率、准确性和态度热情在内的其他标准挂钩。

为了确保这一变革不会被第三道障碍所阻碍，塔克和她的团队完成了两项关键性的步骤。首先，她的团队并不仅仅根据客户的满意度、效率、准确性和态度热情来衡量，而且还将这些结果与呼叫中心和业务代表本人沟通。此外，管理者会直接花时间听业务代表的通话，并对花更多时间解决客户棘手问题的业务代表进行奖励，而且继续辅导业务代表并鼓励这种改变。

随着目标的明确、资源的到位和业务代表混合奖励机制的出台，他们开始相信并实施新的一次性呼叫业务。达到并保持这种水平的信任是具有重大意义的。事实上，在一个呼叫中心先期执行这种一次性电话咨询业务的变革后，在短短几个月内公司增加了 1 000 万美元的收入。美国本土就有 16 个电话呼叫中心，每个中心按这种情况来算，那将会提高整个客户群的满意度和公司的绩效。

毫无疑问，作为一个管理人员，你赞同任何现实例子都比在一本书内能提到的要更加复杂。然而，所幸你可以看见关注于变革模式的三个要素的力量。表 8—1 总结了变革模式的三要素以及塔克攻克每一难关走向胜利的关键步骤。

表 8—1　　　　　　　　联邦快递变革的突破总结

变革步骤	行动
看见需要	制作一个幻灯片清楚明确地对比新旧心智地图的不同。

续前表

变革步骤	行动
行动起来	提供网络。训练业务代表学习网络操作。培训业务代表回答许多领域的潜在问题。
完成变革	改变操作标准,从更快地接听电话到更耐心地接听。使管理人员有进取心和积极性,花时间去听、去指导业务代表,确保变革的顺利进行。
结果	利用技术的作用和员工的工作效率来降低成本花费。明白从使客户满意的循环运营来创造新的收入的重要性。现有客户满意度的口口相传带来新的客户、创造新的收入。

变革带来的增长

我们研究与合作的大部分公司显示,成长是它们更具有挑战性的变革。通常阻碍未来更大发展的一个最大的障碍是使雇员(包括高层管理人员)从过去释放出发展的动力。正如在本书开篇中讨论的那样,人们常常看不见新的机会,并不是因为他们真的看不见,而是因为他们着眼于过去所做的工作。很多公司在发展过程中出现了这样一种情况,公司从过去的高增长率降低到目前的低增长率。以前的增长时期越长、增长越快,那么员工在增长动力方面的思想也就会越顽固。未来增长的关键在于首先要打破过去那些约束性的思想。

前面谈到的家乐氏公司的例子可以很好地说明这一点。

从玉米片投入生产开始,公司的增长主要是靠在美国销售早餐玉米片拉动的。尤其在20世纪50—70年代,甚至还包括80年代的大部分时间里更是这样。早餐玉米片和美国市场成为了公司的中心。但是后来由于美国家庭改变了忙碌的生活方式以及早餐习惯,公司的增长变慢了。但是此时,家乐氏公司的领导层才慢慢地认识到战略性变革的必要。

第八章 综述

在这种情况下，为了让人们认识到新的增长模式，我们必须要把过去那种有限的增长方式与未来广阔的增长方式作比较。我们可以用一个简单的方法来对比，这个方法适用于不同的行业以及不同的产品。

首先，要进行对比，我们必须确保过去的增长方式是清晰的，同时，我们可以与领导层和员工探讨我们现有的产品和客户，然后把他们对产品和对客户的描述写在图 8—1 中的方框里。在 20 世纪 90 年代中期，家乐氏公司大部分收益来源于美国市场上谷类食品。

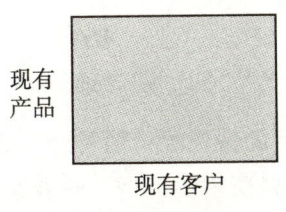

图 8—1 过去的成长

再然后，把这个方框放到一个大的方框里，如图 8—2。

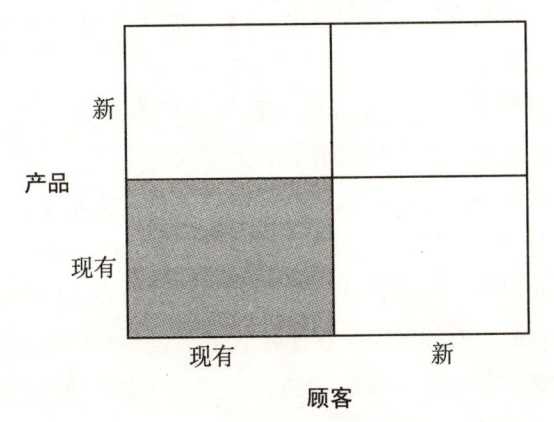

图 8—2 过去的成长和未来的机会

在将近 27 年的时间里，谷物早餐的销售占据了家乐氏领导层的大脑。这也就是"现有—现有"方框能够解释家乐氏公司 80% 的收入来源的原因。实际上，在图 8—2 所示的矩阵中，每一个单元的大小是相等的，但实际上，家乐氏公司的增长模式更接近于图 8—3。

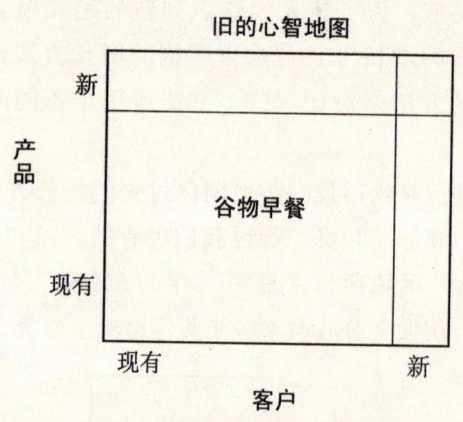

```
                    旧的心智地图
              ┌─────────────────┬─────┐
          新  │                 │     │
       产     ├─────────────────┤     │
       品     │                 │     │
              │     谷物早餐    │     │
          现有 │                 │     │
              └─────────────────┴─────┘
                 现有              新
                       客户
```

图 8—3　"按比例"的过去和未来成长

然而，图 8—3 所示的情况很可能持续下去，换句话说，在图中，如果新产品现有客户那栏所占的比例，或者新产品新客户那栏所占的比例，或者现有产品新客户那栏所占的比例是这么小的话，那为什么还要追求这么小的机会呢？按理说，如果它们很小，那么我们确实不应该去追求这些机会，但是话又说回来，如果不追求这些机会，那么它们会一直这么小。

在这种情况下，怎样才能使人们认识到变革是必要的呢？毕竟，旧的增长模式发挥了几十年的作用。尽管并非总是必需的，但是有时候的确需要双慧眼来发现新的视角。在家乐氏的案例中，新 CEO 卡洛斯·古铁雷斯（Carlos Gutierres）带来了一双慧眼和新的模式。基于自身经验，他以全球性眼光认识到他们的产品有更广阔的市场。

突破第一道障碍的第一步在于比较过去是什么样和应该是什么样。家乐氏的旧模式制约了未来的增长。为了让人们突破这个限制，我们必须弄清楚在增长的矩阵中，"现有—现有"这一栏中到底包括了什么。下一步就是描述和讨论其他三栏包括的所有可能性。针对这一点，我们要设法评价新增长机会的总体规模，并且画出矩阵图，如图 8—4 所示。

在新旧心智地图之间作个简单的比较（如图 8—3 和图 8—4 对比），可以帮助人们认识到旧模式是有局限的，甚至是完全扭曲的。另

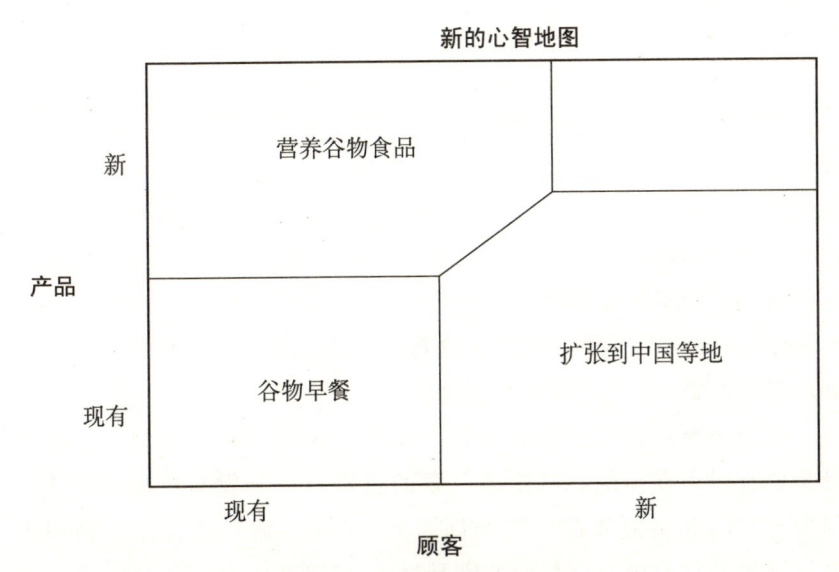

```
                    新的心智地图

          ┌─────────────────────┬───────────┐
    新     │                     │           │
          │    营养谷物食品      │           │
          │                     │           │
  产品     ├──────────┬──────────┤           │
          │          │                      │
          │          │    扩张到中国等地     │
    现有   │  谷物早餐 │                      │
          │          │                      │
          └──────────┴──────────────────────┘
             现有                   新
                        顾客
```

图 8—4　修改后的增长地图

外，我们没有必要把新模式图画得非常正确，因为画出这种图只是为了让人们看到这种差别，并且让人们认识到如果不改变模式，战略性变革是不可能的。

尽管这种对比可能是有用的，但它也只是一种理论上的方法，因为缺乏实际经验支持，所以它也只能在短时间内吸引我们的注意，并让人们认识以前做过的事情和想过的事情。那么怎样才能使这种对比更有实际经验依据呢？

假设，在一次与最高领导者的会议中，你向他们展示了一幅大型的世界地图，而不是像图 8—3 和图 8—4 那样简单的图。进一步假设，你在地图上指出了几个国家并且说出了这些国家的人民早餐主要吃什么。例如，你可以说出日本人主要吃烤鱼、蒸饭和味噌汤；你也可以说出印度人主要吃拌饭，这种拌饭是由米饭、扁豆和辣椒混合而成的。再进一步假设，你说出了这个国家的大小和早餐比例的大小与这个国家的人口和早餐食品消费是一致的。

通过这些方式，这种对比就显得十分清晰了。尽管过去家乐氏把冷冻谷类食品作为增长的核心，但是在将来，这并不是增长的核心。

通过举出几个国家早餐的例子，公司的领导者会真正认识到过去增长与未来增长的不同。

尽管我们举出了其他国家的例子，但是，为了增长，公司并不一定需要走向全球，我们可以挖掘本国市场。对于现有的美国客户来说，他们早餐并不只吃谷类食品。正因为如此，家乐氏公司曾经占美国市场的30%～35%，后来却大幅度地下降了。那时，家乐氏在主要的食品领域，如冷冻食品和奶酪，没有地位。为了促进增长，公司也不需要去印度，可以去印第安纳州，在那里，不能像以前一样只卖谷类食品，我们也要卖其他类型的早餐食品。

最高领导者看到这个对比后，也许会采取措施。当然，这些措施是要有财力支持的，其中最重要的投资就是开发新产品，新任领导要把时间和精力放在产品的创新上。Donna银行在这点上做得很好，结果是它推出新产品的速度是过去25年的3倍。另外，资金也要投入到传统市场以外的市场，例如，在2001年，家乐氏公司投资45.6亿美元在Keebler Foods上，而这个品牌以饼干而著称，而不是谷物食品。

在古铁雷斯五年的领导下，家乐氏改变了增长的模式。尽管依然把"现有—现有"作为公司的增长核心，但是增长模式的变化使它开发了Keebler Foods这一新产品。并且，通过不断地市场扩张，获得了很多新的客户。2004年，古铁雷斯离开家乐氏去美国商业协会担任秘书。这时，公司的收入中，不到一半是来源于谷类食品，将近1/4的收入来自非谷类食品。另外，在古铁雷斯不断把家乐氏推向全球化的努力下，到他离开时，家乐氏在180个国家开展了业务，由此带来了超过1/3的收入。

正是因为家乐氏成功变革了增长方式，才有了这些成就。在古铁雷斯担任CEO之前的几年里，家乐氏的收入和增长率都很低。然而，在古铁雷斯担任CEO五年后，这些都翻番了。股东们也因此受益，在1999年到2004年五年时间里，他们的股票价值是竞争对手的十倍，全部股东收益几乎是以前的两倍。

客户变革和供应商变革

公司内部的变革的确不易,但是客户和供应商中的变革更难。戴尔电脑公司提供了一个很好的例子。戴尔公司在公司内部进行变革的同时,也对公司的客户和供应商做了重大的变革。这些变革提高了公司的收入和现金流。

在电脑行业里,个人电脑的价格竞争异常激烈,以至于只有2%的利润,所以提高收入,尤其是提高利润,唯一的办法是降低成本,提高产量。康柏、苹果以及IBM的平均存货周期一般是50~90天,而戴尔的存货周期为0!为了达到这一目标,戴尔的工厂没有仓库,也就是说产品从流水线上下来后就被直接运出了工厂。这可不是简单的任务,因为工厂平均每天要生产2万台电脑。

而且,尽管竞争对手的零部件存货周期平均需要几周,但是戴尔的目标不是两周,也不是两天,而是两个小时!为了保证这个高效的供应链,每一个接收位大约有100平方英尺,不同的接收位存放不同的零部件。所以总体看来,戴尔工厂的面积有200 000平方英尺,比23个橄榄球场还要大。

虽然把自动组装设备和软件组合在一起是一项很艰巨的工作,但是它能够带来丰厚的收益。例如,戴尔第一年的生产力提高了160%,不过,戴尔公司并没有披露这一情况,但是戴尔公司指出,在1994年,科技投入的平均回报率大约为30%,而到了2000年,投资回报率为300%。这无疑是不可思议的。但是如果没有改变客户订购电脑的方式和供应商提供零部件的方式,这个自动组装系统也就会逐渐停止。这也许是变革中更有意思的部分,这个为探讨我们克服变革的三个障碍提供了一个不同的视角和思路。

对于戴尔来说,变革的过程首先从改变客户固有的心理模式和行为模式开始,特别是改变他们订购戴尔电脑的方式。如果没有订货,也就没有产品组装，无论是手工组装还是机器自动组装，都是这样。戴尔85％的订货来自公司，而不是个人。在过去，戴尔的大多数公司客户，采取的是很慢的劳动密集型订购程序。例如 Litton 公司，当员工订购一台电脑时，他们必须要手写填上申请表，如果他没有认真阅读那些晦涩难懂的标准的话，他们通常会订购到与他们需求不符的电脑。在这种情况下，申请表往往会从采购部退回到员工手里，重新填写。一旦申请表准确无误了，员工将表交给上司审批，并且经常要经过多层上司审批。申请被批准后（当然这通常要几天甚至几周的时间），申请表又被送到采购部门。在采购部，他们还得重新审核以确认申请的规格与准则一致，然后，采购部把采购单发出去。即使是这个过程进展顺利，在采购单发出去之前，平均要花费两个多星期的时间。然后，从采购单发出到电脑最终出现在公司，又要花四周时间。所以，总体算下来，从员工申请采购到电脑到达公司，这一过程总共要花30～40个工作日。

然而，这一过程到此还没结束。电脑到达公司后，公司要验收，把电脑录入到公司的财产清单上，并标上财产 ID 码。然后，电脑又被送到 IT 部门，在那里，安装正确的软件，设置与公司网络一致的配置。但是，这得看 IT 部门有多忙了，在到达办公桌之前，电脑可能要在 IT 部门放上 1～2 周。当电脑最终到达用户的办公桌上时，用户经常会发现由于网络配置不正确，电脑里有些东西不能正常运行。又得看 IT 部门有多忙了，可能又要花上几天甚至几周的时间把所有东西弄好。所以，从电脑到达公司到员工使用，这一过程又要花费 5～21 个工作日。

我们把所有时间加起来，会发现，从员工订购到最终使用，整个过程要花费 2～3 个月！更精确的记录表明，这个过程需要 12～15 小时的劳动，最多能给一台价值 2 300 美元的电脑增加 720 美元的成本，成本上升了 30％！

戴尔必须要帮助 Litton 公司找到更好的办法。戴尔想到的办法包括几个关键点。首先，戴尔要为这个公司创建一个定制的清单。这个清单要包含预先获得批准的产品和配置，这些配置也应该根据不同的标准和不同工作岗位的需求，事先制定好。这样，当员工订购电脑时，就不会超出标准了。一旦员工把订购申请输入到定制网页中，申请表就会立即创建并以电子的形式发给上司。然后上司在24小时内回复，或者立即批准了申请。获得批准后，订货单就会自动生成，并以电子形式发给戴尔公司。如果申请表在上司收到后立即批准了，那么从申请到戴尔开始制作电脑这整个过程只要60秒。并且，在运用新方法的情况下，这台电脑不仅会配置正确的硬件，并且会配置正确的软件。另外，这台电脑会自动得到一个财产ID号码，并且自动录入到公司的系统里。因此，这台电脑再也不用经过接收部门和IT部门了，而是直接从戴尔公司到办公桌。假设申请表在24小时内批准，那么从申请到送达，不再需要36~40个工作日，而只需要3~4天！

  这个过程的速度可以提到10倍，这无疑是不可思议的。但是让客户改变固有的心态和行为方式，并不简单。戴尔必须帮助客户认识到变革的需要。为此，我们必须在新方法和旧方法之间做个比较，我们有很多办法来做比较，例如创作一个简单但不乏趣味的卡通动画。通过这个动画，我们可以看到里面的人物经历一遍旧程序。一位员工的旧电脑即将报废，他当然想要一台新电脑。我们看到他为了订购一台电脑，要通过5~7个不同的人，至少3个部门。时间一天一天过去了，这位员工在努力地用旧电脑完成自己的工作，随着时间流逝，电脑的成本也逐渐增加。三个月后，这位员工终于看到了他的新电脑，他看起来非常非常高兴。但是当电脑不能正常工作时，他只好欲哭无泪。与这个悲剧的故事相比，我们来看另外一个动画。我们看到一个员工正在登录戴尔公司创建的公司的内部网络，她在十分钟内就完成了所有的电脑配置。一封申请购买新电脑的邮件出现在上司的电脑上，并且通过了批准，这个产品在戴尔的一家工厂里自动开始生产。3天后，这台电脑到达了这个员工的办公桌上，并且所有配置都事先装好了，现在可以直接使用。在漫画的最后，显示的是旧方法包含的所有步骤和时间，把它和新方法相比并且指出新方法可以节省25%的成本。这种比较有助于突破第一道障碍，让客户认识到变革的必要性。

  然而，我们的意思并不是说一部有趣的卡通动画是成功帮助客户认识到变革必要性的关键。大家应该发现了，戴尔的新方法需要对客户及其员工进行重大的变革。例如：

▶ 变革要求中心采购部门放弃对申请过程的控制。它们不再有审查员工申请的权力，也没有权力决定员工的命运。如果采购部门、IT部门和戴尔公司一起制定政策和标准，这些政策和标准规定不同级别的员工购买不同配置的电脑，这两个部门不再像以前那样对每个步骤有控制权。

▶ 上司们必须很快（24 小时内）作出回应。

▶ 采购部门必须放弃对采购单的控制。

▶ 客户必须安装跟戴尔密切联系的软件，这样的话，戴尔公司才能够及时认识到客户所需要的硬件和软件的类型。

由于客户习惯了以前的方法，所以他们可能会抵制这种变革。也许对于戴尔来说，最重要的是，这些方法建立在不让供应商知道自己的需求的前提下。对于大多数客户来说，操作的前提是：作为客户，我们把自己的需求告诉供应商，如戴尔公司。为了帮助客户认识到变革的需要，戴尔公司必须努力地帮助客户认识到节约成本的重要性，戴尔公司也必须把提高准确性作为重点。戴尔公司必须让人们认识到提高生产力带来的利益——3 天就可以让员工拿到订购的电脑，而不是 36 天。最后，戴尔公司必须帮助客户认识到这些利益以及其他利益要比货币投资带来的利益大得多，也比变革带来的痛苦大得多。

这里最重要的是：突破第一道障碍并不是简单的纸上谈兵，而是实际可行的。只是简单列出变革带来的利益是不够的，十分有必要将新方法和旧方法作一个对比，这种比较需要以一种能保证有多重认识的方式展示，这样的话，比较才会更有说服力。戴尔的例子证明了，要突破第一道障碍，帮助人们认识到需要变革，不仅要了解客户的背景，而且还要知道更多客户的情况。这是为什么呢？这是因为不同于领导对员工，如果有必要领导可以利用等级和权力，但是如果你跟客户一起工作，你只能利用影响力。告诉一个顾客他必须改变，否则他将会被解雇，这是不可能的。

尽管突破第一道障碍，让客户认识到需要变革是很难的，但是戴

第八章 综述

尔公司仍然必须要突破第二道障碍并且让客户行动起来。因为大多数客户习惯了既定的手写申请和订购单的程序，从做不好正确的事情到做好有个过渡，所以这个过渡的第一道障碍就是软件方面的障碍。在大多数情况下，每个客户都有各自专门的软件，用来记录申请、订购单和配送的情况。更糟的是，在他们组织中，对于这三种主要的功能，他们用的却是不同的系统，并且，不同的业务部门使用的系统也是不一样的。戴尔公司必须让它的客户知道它的软件可以有效地整合这些系统，它的软件是他们所需要的资源。因为戴尔的软件是建立在开放、统一的互联网上的，所以它可以有效地接入到任何一家客户的内部系统。

即使在客户果断采取变革后，戴尔公司也要确保它的客户不会因变革带来的疲倦或者迷茫而最终失败。为了使客户不厌倦变革，戴尔为每个客户提供最好的服务。尤其是在客户接入系统的初期，最好的服务就是对客户最大的鼓励。客户们的努力使自己站在了最前端，而把竞争对手远远地抛在了后面。这种吸引力极大地鼓舞了客户坚持变革，并且继续克服早期试验不可避免的障碍和问题。

戴尔也要确保客户不会对变革感到迷茫，它对变革的结果进行监管，并且定期向客户回报结果（包括好的、坏的和很糟糕的）。戴尔要向客户回报准确性、完成的时间以及估计节约的成本。当客户看到这些收益在增长时，这些组织的投资者会对变革更有动力和激情，把变革推向成功。有了这些努力，客户不会感觉到迷茫，也不会放弃，因为他们知道自己现在的状况以及他们在一个月里甚至是一个星期里取得的进步。

戴尔为了使自己的供应商采取变革而作出的努力同样是具有挑战性的。尽管戴尔对供应商有很大的影响力，但是让供应商迅速有效地执行变革的难度也是惊人的。

供应商有既定的心智地图，这种心智地图有一些特点，例如制造和运输方面的规模经济带来的效率。这些供应商习惯通过竞价来获取戴尔公司大量的订单，然后他们大量地生产和运输这些产品。而且，由于这些供应商除了戴尔这个客户外还有其他的客户，当需求大于他们的供应时，他们会考虑如何分配产品以及优先考虑哪些客户。

与之前惯有的看法相比，戴尔对供应商的看法有了一百八十度大转弯，这些看法主要包括：

🔹 第一，戴尔每小时都会下载订单，每两小时制定一个新的制造计划，这么做可以反映工作运行的变化和优先事项的变化，以及可用的零部件的变化。

🔹 第二，供应商需要与戴尔的系统保持密切的联系，他们只有15分钟用以确认戴尔发出的订单。

🔹 第三，确认完订单后，供应商有75分钟的时间用以把这些订单要求的商品交给戴尔的工厂。这就意味着，供应商要把自己的仓库建在戴尔工厂附近，戴尔要求供应商在这些仓库里有满足两个星期需要的存货。

虽然对于许多供应商来说，戴尔是他们最大的客户之一，并且戴尔公司是增长最快的个人电脑制造商，但是这些供应商只是勉强地做出变革。供应商们过去的心智地图不会让客户调查他们的生产能力，但是戴尔公司提出的整合系统要求调查供应商的生产能力。例如，戴尔公司对一个特殊的零部件的需求不断增加，它审查了自己的供应链，发现有一家供应商的海外工厂还有过剩的生产这种零部件的能力。然后，戴尔要求此供应商用那个工厂生产这种零部件，以满足不断增长的需求。很明显，戴尔并不事先问那个供应商是否可以提高这种零部件的产量，而是直接告诉那个供应商有能力提高产量，并且告诉它从哪里以及怎样来提高产量。

如果供应商不赞同戴尔的模式，那么戴尔就会炒供应商鱿鱼。虽然如此，但是戴尔并不想以这种强硬的方式与供应商建立紧密的联系。相反地，戴尔专注于帮助供应商认识到新模式是有必要的。加入到戴尔系统后，供应商们未来会有比较好的收益。双方结成紧密的合作关系需要很大的成本，并且最后断绝合作关系也非常难。根据实际需要制造产品，对于戴尔公司和供应商来说，都可以减少存货，降低成本。戴尔的目标是存货周期从两周降到两小时。反过来，与其对应的，供应商为戴尔生产零部件的存货周期从两个月降到两周。这样的话，戴尔和供应商都能够降低营运成本，提高现金流，并因此获益。

即使供应商引进了戴尔的模式，但是他们也要像客户一样，要相信有一种办法能够帮助他们把正确的事情做得从生疏到熟练。对于供应商来说，软件是关键的资源。戴尔的软件是由 i2 科技公司提供的。这种软件可以让供应商时刻关注戴尔公司对其产品的需求，同时也可以让戴尔公司随时调查到供应商的生产能力。戴尔公司计划在五年内提高供应商供货速度并节省 1.5 亿美元，但是实际上在头两年它就达到了这个目标。

在如此紧迫的情况下，任何一个供应商的小意外都有可能对整个系统造成严重的损失。在一个只有两小时的存货体制中，大部分供应商一天必须供货多次，一次供货的失误都有可能导致工厂倒闭。

因此，戴尔承担不起供应商的懈怠或者流失，否则它会在变革的"完成"阶段功败垂成了。作为客户的戴尔，在一开始就给主要的供应商安排了监督者，鼓励他们在供应链的每一个环节上做好。这些监督者充当解决技术问题的专家，更重要的是他们担任了整个团队感情啦啦队长的角色。为了确保不流失供应商，戴尔在过去一直监督供应商的供货速度，戴尔提供了关于进程的积极和消极两方面的反馈。戴尔每个月都给供应商们提供工作绩效报告，使他们很清楚地看到与过去相比，他们现在做得如何，以及与其他供应商相比，他们处于什么位置。即使一批货物只迟到了几分钟，戴尔也会立即以书面的方式或者电子方式对供应商进行谴责。在如此多的反馈体制下，供应商很少有机会流失。

正如先前提到的那样，戴尔不公开具体工厂的财务状况，但是证据表明这些变革对供应商和客户都产生了巨大的影响。在营业收入方面，变革节省了成本，提高了客户的生产效率。结果是，即使价格与竞争者差不多，但是戴尔公司给它的客户提供了更高的价值。我们可以看到，在实行了变革后，戴尔的企业客户的市场份额连续四年出现了增长。另外，这些变革增加了客户的转变成本，这更促进了重复购买行为。这些变革对于节约成本起到了重要的作用，例如，前面提到的节省了 1.5 亿美元。

很多读者会注意到，在 2006 年，戴尔出现了很多问题，尤其是由索尼提供的电池出现了过热问题。我们并不认为戴尔可以完美地管理好每一件事情，或者一些公司错误地实行了一些变革。很明显，2006年，戴尔经历的那些问题影响了公司的财务状况和股票价值。然而，推测客户和供应商的变革会对公司产生怎样的影响，还是很有价值的，这些变革是没有发生的变革，而不是已经有效实施的变革。

自我变革

在分析自我变革之前，我们已经重点分析了对老板、员工、客户、供应商的变革。正如我们在本书的开头所提到的那样，很少有不先进行自我变革而直接去领导他人变革的例子。从我们多年与众多中高级管理者共同工作的经验来看，改变自己和改变他人一样难。因此，在本章最后一部分，我们通过一个自我变革的例子，来说明对自己进行战略性变革是有必要的。

这是一个拥有6 000名员工的中型产业公司的CEO，这个公司将他们的原料、生产过程与生产工艺融进了自身的价值链，接着通过批发和自销两个渠道进行产品的销售。大约在10年前，这个公司的规模还不及现在规模的一半，市场价值也只有目前的1/10。

像许多公司一样，这个公司赋予了不同部门一定的自主权，并由此取得了多年的成功。这种方法不仅适合这个时期的商业环境，也同样适合CEO的个人领导风格。即使他对公司的各种商业活动很了解，他还是乐意让手下的员工各自去追求本部门的目标，这可以使CEO与其他部门领导很好地合作，而不必建立一个执行团队，也不必处理那些由于权力集中带来的挑战和冲突。

这个描述听起来好像CEO不去建立自己的执行团队，但是在这里，理解两个很关键的问题是很重要的。

第一，这种方法给公司带来了不错的业绩，在七年多的时间里，公司的业绩是竞争对手的三倍。

🌐 第二，CEO相对比较年轻，因此没有人（包括董事会成员）给他压力，让他建立一个团队或者寻找一个继任者。

尽管有这些辉煌和成功的过去，仍有两件事情显得美中不足。第一，随着公司规模的扩大，资源增加的成本和不同系统之间重复运作的增加，终究会超过他们现有的资金，这一点是无法忽视的。例如，当一个公司非常小时，它拥有自己独立的IT系统，并且不同部门的员工也不会因重复运作导致成本的增加。但是，当公司的员工达到4 000人而不是2 000人时，重复运作成本将会超过1 000万美元。同样地，当一个公司有12个不同的工资支付系统时，其复杂程度要比只有4个工资支付系统大得多，并且其成本也是后者的5倍多。第二个美中不足是日益增长的竞争。以前这些额外费用并不重要，但是现在，随着日益增长的竞争和价格优势逐渐减弱，总成本的节约成为优秀业绩与卓越业绩的关键不同点。如果公司希望自己的业绩继续比其他公司出色的话，那么它将必须把业务部门和辅助部门有效地结合起来，并且有效地利用规模经济和节约型经济降低所有的成本。

在一系列的战略讨论和研讨之后，CEO很清楚需要的变革。然而，对于个人的影响力和需要的变革，还不太清楚。业务部门与辅助部门的结合把这些部门的领导者也结合在一起了。这也许需要改变团队运行的方式，但是更重要的是需要改变CEO运作团队的方式，CEO要把以前单独和每个管理者的合作方式改为整个团队共同合作的方式。另外，团队成员也要直接与其他人合作，图8—5比较直观地反映了这一变化。

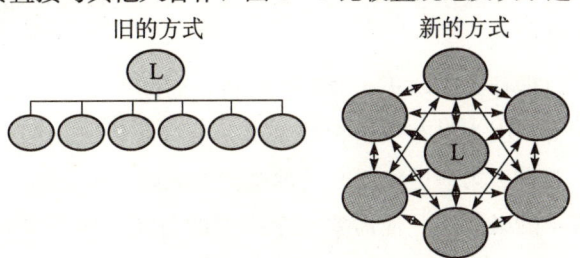

图8—5 团队形式的变革

这一变革的影响比CEO所预想的影响要大得多，例如，在过去，每个部门都有一定的自主权和自力更生的能力，所以几乎没必要去解决对于什么是最好的绩效管理的不同看法，或者是对于该用哪个IT工具来进行绩效管理的不同看法。新的战略需要辨明不同，再取得统一，从而可以建立一个更有效率、更有用的系统。

过去，公司成员之间有很多不同的意见，甚至有冲突，过去的组织结构和CEO的方法使他们通过一对一的对话方式来解决冲突，而不是以团队的形式。正如我们已经提到过的，这种一对一的方法并不适合以前的组织结构，但是它适合CEO的个性。他不喜欢公开的对抗和冲突，也不喜欢小组里出现对抗和冲突。所以CEO在战略与组织结构方面的变革是个人变革中比较重要的一个。

也许这听起来很简单，但是，包括CEO在内的大部人都非常死板，不知变通。他们建立自己的行为模式，常常不是因为被环境所逼，而是因为迎合了他们个人偏好、偏见、趋势等等。当这些模式被成功进一步强化时，它们就会产生一种不可逾越的障碍，此时就需要为了变革而突破它们。

因此，在这个例子中，我们是如何产生个人变革的需要的呢？很明显，如果CEO不进行必要的自我变革，那么将导致商业变革不能进行，商业运行也许就会恶化。如果恶化到一定的程度，那么产生的压力会促使自我变革。实际上，如果CEO等待的时间很长，那么情况恶化会导致危机的发生，此时的自我变革就会不可避免。实际上，等待的成本是巨大的。危机也许会引起财务状况的恶化而导致裁员，或者股票价格下跌而使股东遭受损失，如果股东的损失过大，那么CEO就会被迫带头辞职。

我们可以做什么来防止企业陷入危机，而使得CEO认识到自我变革的重要性呢？因为没有一个标准答案，所以我们必须回到那些我们讨论过的，与突破第一道障碍有关的基础性原则上来。为了让CEO认识到自我变革的必要性，他需要一个有效的对比，他需要对现状是什么和应该是什么有多重认识。正如我们先前提到过的，目前不存在一个唯一的好方法，实际的解决方案需要多种形式配合，而非单一形式，来帮助人们明白自我变革的必要性。

　　在这个案例中，与 CEO 一起工作的一个外聘咨询师认为，这个工程学背景的 CEO 可能需要数据。结果，咨询师收集到了 360 份调查和访问数据，这些调查涉及了公司各层级的人员。书面调查问题的重点主要是团队执行力和凝聚力。原本，CEO 认为他的团队非常优秀，因为他与董事会成员之间有着良好、高效的关系，而别人却不这么看。他们认为高管们彼此不合。事实上，中层管理者声称他们听到董事会成员之间相互抱怨，相互攻击。甚至员工声称他们听到过部门领导说过本部门的成功和公司过去的成功，得益于本部门没有采取那些没用的方法，也不用与其他部门作出的决定保持一致或依靠全体员工共同合作。

　　这些直接的调查和访问结果，与 CEO 的个人认为形成了鲜明的对比，在每一份直接向 CEO 汇报的报告里，内容都是尊敬 CEO 的，并且说喜欢和 CEO 一起工作。这样一来，这些报告传递给 CEO 的都是积极的信息，因而毫不意外地，通过这样的反馈，CEO 认为他的一对一的方式是非常有效的，因为他与团队里的每一个成员都相处融洽，在他的眼里，他的团队非常有效。

　　尽管这样的结果与事实不符，但是我们仅仅把这些数据给 CEO，看到这些数据后，他会有"突破"的冲动吗？当然不会有，为什么？因为数据都是一维的，我们可以看到它们，但是我们听不到、尝不到、也摸不到它们，这时我们该怎么做呢？通过视频展示这些访问就非常有效，感官方面的冲击是很有说服力的。然而，保密协议妨碍了这个选择，那么，除此之外，我们能用什么有效的方式来说明这点呢？

　　在这个例子中，咨询师首先让 CEO 读一本名为《团队的五个弊端》的书。通常，一本书也不能带来多种感官冲击，因此，这也不是一种有效的办法。然而，在这个例子中，这本书更像是一本小说，而不是一本教你如何通过五种方式来有效地组建团队的教材，它就像一部文学作品一样，也可以刺激我们的嗅觉、视觉以及听觉。通过这本书，CEO 清楚地看到了建立一个综合的团队与运作着眼于个人的团队之间的不同。

　　这本书的内容让CEO更容易接受这些特定的数据。通过这一系列的方式来展示数据要比先前的方式更加有说服力，在与咨询师一起复查数据之后，CEO确信为了使公司的战略和组织结果更加有效，他必须改变团队的管理方式。

　　对于CEO来说，在众多具体的自我变革中，处理团队里的冲突是最具挑战性的。CEO可以利用冲突方式评估工具得到很多数据，在这些数据的帮助下，CEO认识到他并不喜欢公开的冲突，而是一直尽力避免冲突。

　　通过大量的分析，CEO发现有两种基本动力驱使他避免冲突。首先，CEO对于冲突的整体认识是：冲突是有害的。第二，当冲突不能解决时，尤其是在一个开放的团队中，意味着CEO必须要当机立断，他的当机立断理所当然地会产生"胜利者"和"失败者"，但是CEO这么做会带来更多的压力和冲突，因为这些管理者会争着下次可以站在CEO这边而成为赢家。

　　在一个集团的背景下，CEO缺乏处理冲突的技巧会加剧这种担忧。CEO擅长一对一的交流方式，他听取他们的意见并且与他们分享自己的意见。当CEO的想法与部下的不一样时，CEO很擅长让对方同意并接受自己的想法。在新环境下，这些处理冲突的技巧看起来好像是CEO职能遭到了抛弃。虽然CEO认识到了改变自己行为方式的必要性，但是他还是很不情愿去作出改变，因为像我们一样，他偏好他能胜任的方式，而不是他难以胜任的方式。例如，对于新的组织战略和组织结构来说，即使以前那种一对一的方式是不正确的，他也更偏好这一方式，因为他能胜任这一方式。

　　这样一来，CEO必须更好地理解需要哪些东西来处理团队里的分歧，并发展相关的技能。只有当他发现有一条能够指引他将正确的事做好的路时，他才会主动进行自我变革。与一名外聘的管理者一起工作，CEO开始培养自己变革时所需要的多种能力。

　　例如，CEO要提高在开会讨论前确定决策目标的能力。在过去，CEO只是让所有人在会议上尽量地表达自己的意见，当出现分歧时，这种分歧只能巩固每个管理者的地位，他们不会妥协，也不会提出调整方案。相反地，如果在会前花点时间确定讨论所要达到的目标，那么整个团队就会在开会时关注如何实现这些目标，而不是如何使自己的观点占上风。

另一个例子中，CEO非常擅长边听边思考，但他并不擅长让别人也这么做，也就是说，CEO擅长通过说"约翰，按照我的理解，你主要担心的是X，对吗？"来表明自己已经理解了约翰所说的话。如果CEO要建立一个团结的团队，一个简单的变革可能就是让每个成员都善于边听边思考，更重要的是让他们知道这么做是他们的责任和义务，而不只是CEO的职责。所以，CEO不仅自己要落实这一行为，而且也要让每一个人都行动起来。例如，他需要换一种提问的方式来激励大家边听边思考，例如可以问"在我们开始讨论之前，琼，你可以总结一下约翰的主要担忧是什么吗？"而不是说"约翰，我可不可以把你的主要担忧理解为X呢？"

当然，一些措辞方面的变革并不是处理团队冲突的妙计。进一步说，处理团队冲突的有效方法，并不是在一夜之间将一盘散沙的团队改造成一支团结紧密、上下一心的团队。即使CEO完全赞成变革，如果他不进行自我变革，也是没用的，所以关键在于为了实现变革，他必须先进行必要的自我变革。他必须第一时间预见到这些变革，并且采取相应的措施，这些措施必须以明确目标为前提，并通过培养相应的技能和能力来实现这一目标。

和突破前两道障碍一样重要，CEO要对如何实现变革有明确的计划，否则会很容易回到以前那套老方法上。在这个例子中，CEO决定让人力资源的主管定期反馈他在执行目标行为方面的情况。例如，在每一次会议后，人力资源主管都会总结，会前的哪些目标在会上达到了，哪些还没有达到，以及在会上CEO是引导大家一起边听边思考，还是只有他自己在边听边思考。

这个完整的计划还包括六个月后回访六个月前调查和访问的那360个人。最后，咨询师和CEO一起每两个月检查一次CEO所取得的进步。尽管完整的计划里还包括其他的活动，但是这三种方式足以在长时间里，保证 CEO 不会对自我变革的进程产生厌倦和迷茫。

总结

我们举出的例子和大家自己遇到的例子所反映的东西要远远多于我们这本书探讨的。把这三个要素——看见、行动、完成——整合起来，并不是像说的那么简单，不过好在我们已经证明了突破变革障碍的三个方法可以成功应用到自己身上和他人身上，不管这些人是你的上司还是下属，是公司内部的还是外部的。

附录 8—1 为我们展示了一个方法，用这个方法我们可以对受这三个因素影响的变革有个大体的认识。当然，这个方法只是为了分析，并不是为了进一步诊断。当我们使用这个方法时，我们会设置重要部门来完成变革。我们也会用这种方法来检验变革，这样我们就可以发现哪里是对的，哪里是错的。这可以提高我们的认识，也可以帮助我们更好地应对下一次变革带来的挑战，这种挑战经常潜伏在我们身边。

附录 8—1

变革评估

说明

选择一个自发的变革来评估。最好选择一个你近期正在面对的或者即将要面对的变革。

一旦你想开始变革，那么就按照循序渐进的标准来评估你的变革，这个评估标准是建立在看见、行动、完成的变革模式上的。

在下面每一句话的右边栏里的数字上画圈，以表明赞成的程度。各项内容的调查对象是那些将会直接受到你的变革影响的人，让他们来回答这些问题。调查对象可能是一个小组,也有可能是一个公司所有的成员。不管是哪种,让他们作为你的调查对象来回答下面的问题。

看见
A. 我们现在的状况和我们需要的状况之间的对比很明显。 1 非常不同意　2 不同意　3 有点不同意　4 有点同意　5 同意 6 非常同意
B. 受变革影响最大的人很清楚变革的原因。 1 非常不同意　2 不同意　3 有点不同意　4 有点同意　5 同意 6 非常同意
C. 变革后的事情会怎样是很清楚的,人们可以预见变革的结果。 1 非常不同意　2 不同意　3 有点不同意　4 有点同意　5 同意 6 非常同意
行动
D. 有一个强有力的小组领导变革。 1 非常不同意　2 不同意　3 有点不同意　4 有点同意　5 同意 6 非常同意
E. 需要变革的人们知道前行的路线。 1 非常不同意　2 不同意　3 有点不同意　4 有点同意　5 同意 6 非常同意
F. 需要变革的人们有工具、资源和能力来进行变革。 1 非常不同意　2 不同意　3 有点不同意　4 有点同意　5 同意 6 非常同意
完成
G. 有榜样来保护初期的努力和成功。 1 非常不同意　2 不同意　3 有点不同意　4 有点同意　5 同意 6 非常同意
H. 有系统用于记录、描述个人和组织的进程。 1 非常不同意　2 不同意　3 有点不同意　4 有点同意　5 同意 6 非常同意
I. 有重要的体系(如奖励体系、培训体系)用于支持变革。 1 非常不同意　2 不同意　3 有点不同意　4 有点同意　5 同意 6 非常同意

把上面回答的分数加起来,得到每一部分的总分数:

看见　　A 题＋B 题＋C 题＝_____

行动　　D 题＋E 题＋F 题＝_____

完成　　G 题＋H 题＋I 题＝_____

然后把这三个分数相加,得到总分数:

总分数＝_____

对应下表，看看你的分数说明了什么。

	3～8 分 坏消息	8～12 分 不好的消息	13～15 分 好消息	16～18 分 非常好的消息
看见	在这个分数段内的变革，在开始的时候就可能失败。即使开始没失败，它也会在中途失败。	在这个分数段内的变革，开始时不会失败，但是不久就会慢慢走向失败。	这个分数通常表明开始时变革有足够的能量，但是变革可能会失去突破第一道障碍的动力。	这个分数通常表明变革不仅成功开始，而且会成功突破第一道障碍。
行动	即使变革突破了第一道障碍，也突破不了第二道障碍。	通过第一道障碍后，变革将继续进行，不过通常在突破第二道障碍前就会失败。	这个分数表明变革有足够的动力突破第二道障碍，但是力度很小，使得变革趋于缓和。	这个分数通常表明变革可以成功突破第二道障碍。
完成	即使看见和行动两个步骤的分数很高，遗憾的是，这个分数表明变革有 70% 的可能最终失败。	这个分数表明变革可能会取得初步成功，但是变革仍然离目标很远，并且最终会走向失败。	如果看见和行动的分数很高，变革就有希望。但是如果只有这两项分数够高，变革也会失败，即使目标就在眼前也实现不了。	尽管没有事情是可以保证的，但是本阶段分数在这个范围，而看见和行动部分的分数也很高的情况下，变革最终会取得成功。
总分数	9～24 分	25～37 分	38～47 分	48～53 分
	变革成功的概率很小，接近摩托车突破坚固的厚墙的概率。	你可能认为形势对你有利，但是很遗憾，其实没有。你有 70% 失败的可能性。	如果你有时间加强变革的某些方面的话，你就会成功。	形势对你很有利，变革有超过 70% 成功的可能性。

"看见"、"行动"、"完成"三项分数中哪个最低？在最低的后面画上"√"。

看见_____

行动_____

完成_____

此环节薄弱的三个重要原因是什么？在回答这个问题时，不要浮于表面，要深入思考。例如，如果某个肌肉组织虚弱，表面原因可能是"缺乏锻炼"，进一步问，"为什么这一肌肉组织会缺乏锻炼呢？"用同样的方法解释为什么最薄弱的环节会如此薄弱。

1. _____
2. _____
3. _____

对薄弱环节及其原因有了清楚的认识后，现在想想正确的应对措施。你需要采取哪三个最有效的措施来增强薄弱环节？

1. _____
2. _____
3. _____

如果你采取了这三种措施，那么你怎样回答上面调查问卷里的问题呢，你的分数又会怎样？在那个环节上，你的分数提高了多少呢？

是不是提高到了"好消息"对应的分数呢？这一个环节的分数变化使你的总分发生了什么变化？总分是不是至少提高到了"好消息"对应的分数呢？

正如我们在整本书中一直强调的，我们并不是试图为大家提供一幅综合性的路线图，并且在图上标明高速公路和辅路。研究和实践让我相信：尽管详尽的资料可以成就一本完整的书，但是它会导致短暂而且不成功的实践。因为人们使用的是他们所记得的，而不是他们读到的。对于我们大多数人来说，这就意味着我们只能记住我们所读内容的13%～25%。这也就是为什么我们把重点放在20%的内容——变革的障碍和解决方法上，这些方法可以帮助你走完其他80%的路，并且取得你想要的结果。

学到这些方法后，在最后一章，我们会重点讨论一些特别的挑战和预期性变革的好处，这种好处是相对于在反应性变革或在危机性变革到来前一直等待的做法而言的。

It
Starts
With One

第九章 走在变革曲线之前

　　引导战略性变革并不只包括那些重大的变革，还包括有助于创造和保持竞争优势的变革。这要求不仅理解阻碍成功变革的三个障碍，还要理解三种最基本的变革——预期性变革、反应性变革和危机性变革。

　　预期性变革是指主动期望的战略变革，而不是被动地等待着变革降临。也就是说，预期性变革要求我们扩大视野、放眼未来，这样，我们就可以提前预测到我们自身以及我们组织的变革预兆。在确切的证据出现之前，我们要尽早发现原本正确的心智地图会很快无效。基于这种判断，随之而来的挑战就是在不确定的情况下，找到新的正确的心智地图，并让其他人也认识到变革的需要。

　　反应性变革是指我们花费大量的人力和时间所进行的变革。当显著的征兆和信号表明变革是必需的时，我们会对这些征兆和信号作出反应，反应性变革正是以这种反应作为中心。这些征兆和信号来自消费者、竞争者、股东、员工以及其他重要的利益相关者，这些人提醒我们应该变革了，否则我们会为此付出沉重的代价。

　　当我们没能放眼未来做出预期性变革，还忽视了表明需要反应性变革的信号时，具有极大破坏力的危机性变革就会不期而至了。我们被迫要去应对这种变革，否则将会被淘汰。

不管你怎样称呼这三种变革，但是你肯定见过所有三种。当被问到哪种变革最难时，通常人们会本能地说"危机性变革"。但事实上，危机性变革是最容易处理的。毕竟，当你处于危机中时，你的消费者要放弃你，信用机构给你很低的信用等级，供应商催着你还钱，你随时都可能破产，让人们改变要比预期性变革和反应性变革时简单得多。而在预期性变革中，反映变革的那些信号遥不可及，它们很难被预测到，也很难说服其他人什么才是正确的变革。从这个角度来看，大多数经理同意，预期性变革是真正最难处理的（如图9—1所示）。但是，当考虑到变革的成本时，危机性变革成本无疑是最大的，一旦陷于危机，就会大量裁员，为糟糕的财务状况绞尽脑汁，投资者资产缩水，危机性变革的成本实在是太大了。

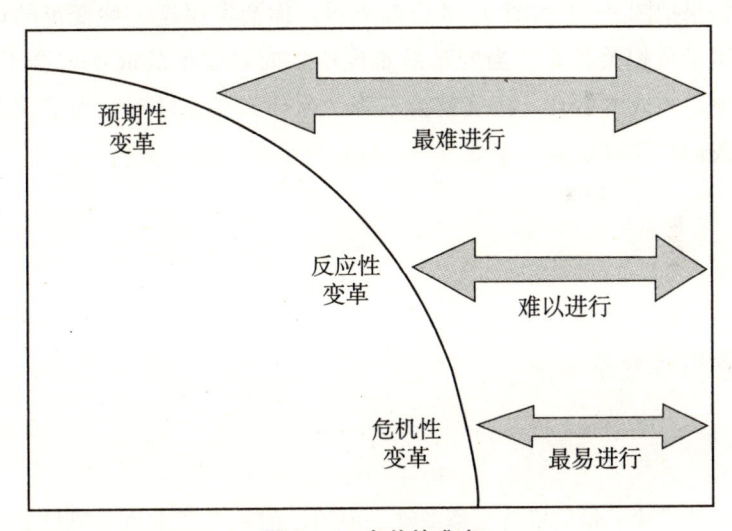

图9—1 变革的难度

因为预期性变革是最难的，所以大多数人一直等待着，直到变革曲线上预期性变革下降到反应性变革，最终到达底部的危机性变革才开始行动。而在这一过程中，变革的成本以几何级数的速度增加，如图9—2所示。

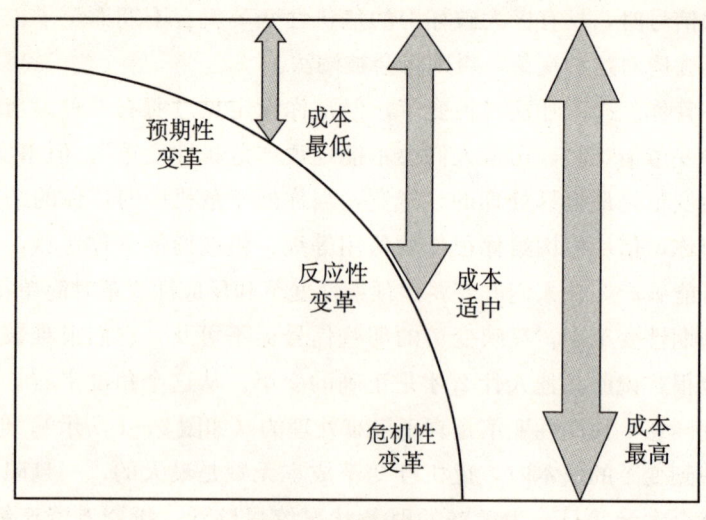

图 9—2　变革的成本

如果把图 9—1 和图 9—2 合起来看，你会发现这三种变革的难度和成本呈负相关关系。当变革的难度增加时，变革的成本就会下降；相反地，当成本上升，难度就会下降。为什么会这样呢？为了探个究竟，我们首先对最后一个变革——危机性变革作深入分析。

危机性变革

虽然成功不是危机性变革的唯一原因，但是它通常是危机性变革的根源。例如，尼桑公司曾经强劲增长了 20 多年，以致公司的领导层长期忽视反映变革的信号，最终导致了危机的发生。好在它的国外伙伴雷诺汽车及其领导者卡洛斯·戈申（Carlos Goshen）成功地处理了这次危机性变革。与此类似，凯马特曾经辉煌了数十年，但是它忽视了消费者和竞争者的变革，最终导致了危机的发生。它也因此成为美国历史上最大的破产零售商。施乐公司曾经获得过巨大的成功，以致它的名字都成为当时流行的动词，如"请为我施乐（复印）"。1999年，来自于IBM的里克·托曼试图把施乐公司带出危机，据说他是一位非常能干非常成功的人，但是他领导公司不到两年，公司就面临着更深的危机，并且连续损失了几千万美元。在2001年，施乐公司为了扭转颓势，任命了公司的员工安妮·马尔卡希为CEO。

卡洛斯·戈申成功地使尼桑公司摆脱了危机，但是里克·托曼却失败了，当想到这类例子时，你会发现引导危机性变革并不像在公园里散步那么简单。如果深陷危机，消费者抛弃了你，竞争者将你甩得远远的，那么重新崛起将会是一个令人恐惧的挑战。但是就变革的走势而言，危机性变革要比预期性变革容易。毕竟，当公司信用等级在不断下降，每天都在亏损，公司股票价格每况愈下时，让人相信现在的心智地图是错误的能有多困难呢？例如，如果劳动力成本过大，裁减1/3的员工有多困难呢？到底裁多少员工是精确的呢？虽然裁员可能需要非常大的勇气，但是，需要多少技巧去告诉1/3的员工他们被解雇了呢？

这种公司状况与下面的军医和外科医生的例子类似。与外科医生相比，军医需要多少培训呢？在短短几个月里，军医就完成了培训，而一个外科医生要好几年。为什么呢？假设你是军医，在战场上，有人的手臂被炸碎了。此时，面临枪林弹雨，敌人正在朝你逼近，你会怎么做？你会在那个人的手臂上放块止血带，然后赶紧撤退！也许那个士兵会失去他的手臂，也许你不得不为了救这个士兵的性命而把那条手臂截掉。在危急中，你没有时间准确地判断出应该截多少，也许截多了，也许截少了，但是你没有时间去担心这些了。相反地，如果你有时间并且不处在危机中，那么作为一个外科医生，你会为了拯救这条手臂进行长达三个小时的手术。

我们的意思不是说任何人都能当危机中的军医，也不是说任何人都能成功扭转公司的颓势，请大家不要误解。我们的意思是与预期性变革相比，危机性变革的固有特性使得突破危机和失败要容易得多。毕竟，当危机来临时，如果不能看见并消除障碍，那么你与等死无异，正如战场上危机导致失血过多和损失手臂乃至生命。公司的危机性变革或个人事业的危机性变革也是如此。危机性变革会以大量的金钱、股东权益、消费者的忠诚和员工的生计为代价。这样一来,尽管危机性变革是最简单的,但是它的代价也是最大的。

反应性变革

在一个组织中,反应性变革是最普遍的变革方式。由于缺少足够的证据表明过去那些成功的心智地图将来会是错误的,所以反应性变革比危机性变革难处理。由于它发生在公司亏损和大量裁员之前,所以它的成本要比危机性变革小得多。值得注意的是,虽然这样,但是我们并不想让大家觉得反应性变革本身是不好的。反映商业环境变动的征兆和信号越不确定,等待和反应就会越谨慎。实际上,如果公司就快捷的变革建立起了一套通用的标准,以第二行动者而不是第一行动者作出反应会更好。但是作为第二行动者的领导者,往往反应迟钝。当现阶段存在较大利益诱惑时,公司和领导者会主动把变革从预期性变革下降为反应性变革。我们应该记住并且计算出这样做的成本和后果。

预期性变革

我们每个人都知道了预期性变革非常困难,尤其在刚开始的时候。正如很难看到远方的物体一样,让我们察觉视野边缘甚至是视野之外的商业威胁或者机会,实在是太难了。此外,即使我们能使其他人预见这些威胁或者机会，但是它们越远，它们改变方向的可能性就越大。如此导致的结果是我们先前决定的预期性变革可能不完全正确，实际上，这正是理性经理人不选择预期性变革的原因。

我们都知道这些因素彼此之间存在互相影响的关系，所以，我们有理由对可能浪费在远离目标的预期性变革中的时间和精力、金钱以及其他有价值的投资感到担忧。我们个人或公司的心智地图越成功，这种思维模式就越会被长期加强。

诚然，我们并不倡导不计后果的或者轻率的预期性变革，但是，当决策正确时，我们要提醒自己，正确的预期性变革会带来潜在的收益，并降低成本。这样做不仅给组织，也会给个人带来收益。

关于个人和组织的标准，我们要记住的第一个事实是：因为预期性变革很难，一般说来，有能力的领导者供不应求。经济学基础理论告诉我们：当需求大于供给时，价格就会上涨。当需求大于供给时，公司就得支付额外的价格，这种价格支付的方式，可以是提升个人的事业，也可以从公司的高股价来体现。在第一章里，我们讨论过：随着变革的速度和不确定性的增加，预期性变革将越发具有挑战性。因此，我们可以合理地预计，预期性变革的领导者将会继续供不应求。因此，对于不用预期性变革的公司和个人，第一行动者的优势都会产生。

当变革涉及长而陡的学习曲线时，这一点尤其正确。由于这种曲线意味着好的结果并不是在一开始就出现，所以有时候我们也可能得出相反的结论。这种曲线告诉我们做好一件新的事情是需要大量的知识的。就像很多人学习一种新的语言或者乐器，不久他们就放弃了。有时候，我们努力后，所期望的结果并没有很快出现。但是这很好地解释了跟反应慢的竞争对手相比，为什么在变革曲线上公司变革越快，优势会越明显（如图9—3和图9—4所示）。在相等的时间里，一旦进入快速增长部分，与竞争对手的优势和距离会越来越明显。

例如，索尼和苹果之间的竞争就是如此，在苹果生产iPod之前，大多数索尼的管理者并没有把苹果看作主要的竞争对手。理论上，索尼本应该赢得这场竞争的，因为在20世纪80年代，索尼凭借其

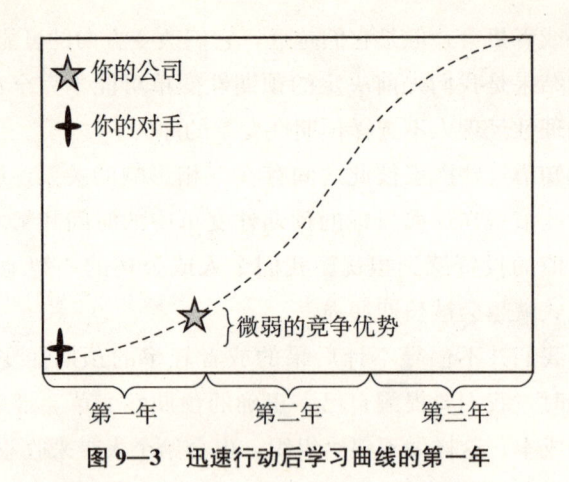

图 9—3　迅速行动后学习曲线的第一年

图 9—4　迅速行动后学习曲线的第二年

Walkman 已经赢得过一次竞争。索尼有良好的硬件和软件，并且拥有一家大型的音乐库，还有一大批当红歌手和音乐组合。但是，当苹果在 2001 年生产 iPod 时，索尼在 2003 年之前，并未就此以类似的电子产品作出回应，而到那时为止，苹果已经占据了 70% 的市场份额。从让 iPod 操作更容易的软件的角度来看，这条学习曲线显得尤其长而陡。即使新的 CEO 霍华德·斯金格（Howard Stringer）上任，索尼推出了"登山者"（mountain climber），它也要花很长时间才能追上苹果。当然，苹果的优势并不会长久，但是在这样一个高度竞争的世界里，当你的公司领先像索尼这样非常著名的公司 5~10 年时，大多数人都会欣然接受你。

我们不妨来看看百事可乐和可口可乐在越南的竞争。越南是一个有将近 8 000 万人的国家。在越南，饮料的制造、分配和销售的学习曲线也是长而陡的。理解和掌握与一个曾经是国有企业的投机伙伴一起高效合作的技巧是很难的。招聘和培训工人不仅要注重数量，更要注重世界级的质量。由于市场分割的特性，为了便于产品卖向市场，要与很多经销商建立商业关系。而在越南南部，为了把产品卖出去，分散的零售商还得与成千上万个小商店建立关系。再考虑到市场和广告，以及美国市场的经验，使得销售额可能不及其他地区的一半。成百上千的差别和错误在等着你。例如，你必须对你的标语十分谨慎，"come alive with the new Pepsi generation"（随着新一代百事可乐动起来）这句标语不能被翻译为"让你的祖先起死回生"（在某个亚洲地区确实被这么理解了）。

预期性变革的所有投资会立即带来要想的结果吗？不会的。刚开始一两年的时间，可口可乐跟着百事可乐进入了越南市场，两者间的距离并不明显。然而，当百事可乐进入了学习曲线的快速增长区后，预期性变革带来的收益也就越来越明显。如今，百事可乐已经控制了越南利润丰厚的南部市场。可口可乐只能在北方市场上赚取微薄的利润。百事可乐的这种优势会长久吗？当然不会。但是我们已经强调过，在这个竞争激烈的世界里，哪怕只有几年时间的优势也足以带来丰厚的利润。

变革的代价

当然，我们要引用很多预期性变革成功和失败的例子，例如诺基亚和摩托罗拉；沃尔玛和凯马特；大英百科全书和维基百科，等等。但是，在预期的结果缓慢出现之前还有一段时期；并且在转到新的学习曲线后，业绩下降，此时变革会存在不利。明确这两点是很重要的。

对于我们来说，最鼓舞人心的例子之一是高尔夫球手老虎伍兹

(Tiger Woods)。即使那些不关心高尔夫的人也绝对听说过伍兹，但是他的两次预期性变革以及他为此付出的代价是不为人们所知的。这些在图9—5中表现出来了。

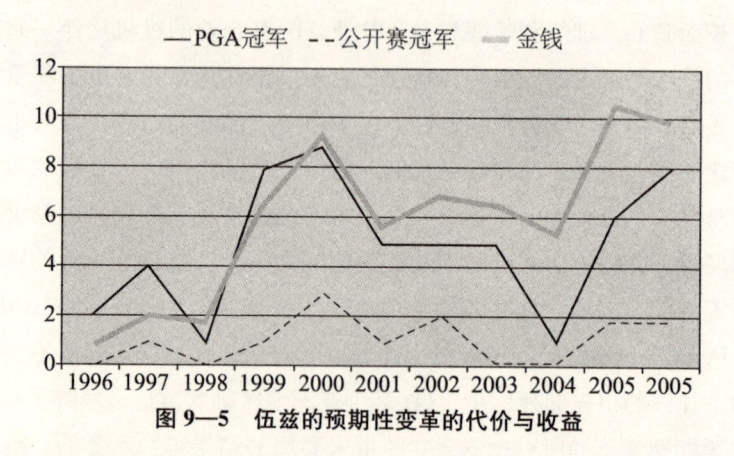

图9—5 伍兹的预期性变革的代价与收益

伍兹是最成功的职业选手之一。他出道不久就被评为"年度最佳新人"。获得这些后，他期望改变挥杆。伍兹说："在我赢得了大师赛后，我决定改变自己的挥杆，人们觉得我这么做很愚蠢。人们都会问'你为什么要改变呢？'我的回答是：'我想精益求精。'"[①] 随后他和教练布奇·哈蒙（Butch Harmon）的努力证明了那些质疑者是错误的，他1998年复出，在1999年就获得了收益，并且在2000年收获了历史上最好的赛季之一。

虽然在所有高尔夫球手中，他的财富成就已经一枝独秀了，但是在2003年，他再次决定转变。人们不禁再一次问：他为什么要那么做呢？这个从1999年到2002年最出色的高尔夫球手为什么要改变挥杆呢？在2004年，他为此付出了巨大的代价。2004年无疑是他表现最差的一个赛季，他在大师赛中33杆后明显落后于菲尔·米克尔森（Phil Mickelson）。在赛季末，有人问他为什么还要坚持一个错误的转变，伍兹回答说："我想打得最好，越多越好，这就是我所有的想法。这就是我为什么改变的原因，我认为我可以变得更加稳定，更多地发

---

① "The Truth About Tiger", by Jaime Diaz, *Golf Digest*, January, 2005.

挥出更好水平。我一直都在冒险变为更好的高尔夫球手,这也是支撑我走到现在的动力之一。"

从伍兹的例子和其他商业例子里我们能学到什么呢?第一,预期性变革需要一颗坚强的心。天下没有免费的午餐,高回报必定伴随着高风险。预期性变革需要勇气和伍兹式的眼光。

第二,预期性变革也需要有远大的抱负。不仅是对名声和财富的抱负,而且也要有抱负成为最好。这种最好包括效率、能力、质量、速度等等。来自这些方面的动力激励人们不断前进。没有对非凡成就的热烈追求,我们会等着滑落到反应性变革。不过这种追求并不需要牧师对孤立和贫困的宣誓。伍兹的例子告诉我们,非凡的成绩而不是平庸最终会带来名声和财富。

第三,好的结果并不会很快出现,首先出现的反而是不利的情况。我们很清楚这一点:承诺是成功的预期性变革的基本特征。如果我们自己或者我们的组织采取了预期性变革,我们可以通过告知他人的期望来帮助推进这一进程,另外我们也应该向其他人解释努力和结果之间的关系并不是直线性的而是曲线性的。尽管这个策略很好,但是在变革的初期,它不太可能减少阻碍,尤其在当变革带来不利的情况下更是如此。因此,对于那些采取预期性变革的人来说,除了绝对的承诺外,基本上没有其他手段了。

结论

我们现在来给这本书总结几个观点。第一,尽管在最后一章中,我们花了大部分时间来叙述预期性变革,这并不意味着只有这一种变革。而且,我们当中并没有人把所有时间都花在预期性变革上。有时候,我们会无意地采取了反应性变革,甚至会沦落到应付危机性变革。

为了避免误解，本书所倡导的原则不仅应用于预期性变革，也可以应用于反应性变革和危机性变革。

出于特殊的原因，在最后一章中，我们对预期性变革作了一个总结。因为预期性变革是最难的，所以预期性变革的领导者的稀缺性不足为奇。由于预期性变革的潜在成本最大，所以对领导者的需求是巨大的。从广泛的咨询和研究中我们可以得出结论：预期性变革的领导者的需求远远大于供给，供给严重不足。

正因为供需之间的严重不平衡，所以掌握领导变革的技巧非常重要。在这本书中，我们已经提到过突破思维障碍的一些方法，也提到了帮助自己以及他人看见、行动和完成变革的方法。

在前面几章中，我们提供了一些实际的解决方案和工具，这些方案和工具有助于你变成一个出色的领导者。突破障碍的关键不仅在于掌握这些方法，更重要的是把这些方法运用到实践中。

要想把这些方法应用到实践中，首先要使这些方法成为个人的。为了证明这一点，我们来看下面例子。哈尔的父亲是一个十分精明能干的人，为了能修理各种东西，他研究了电学、机械、流体以及建筑的原理。当修理柴油发动机、汽油发动机或者冰箱的马达时，他能够很好地把这些原理和方法运用到实践中。他的修理店里装满了各种各样的工具，有你想得到的，也有你想不到的。你想不到的就是那些他自己发明的工具。他知道哪些该修以及应该怎么修，当现有的工具不能满足修理的需要时，他自己就发明了工具。

同样，我们希望大家不仅掌握这些突破障碍的方法，而且也要善于随机应变，创造独特的方法去满足变革的需求。

在总结这本书之前，我们先回顾 T.S. 艾略特（T. S. Eliot）说的一句话：我们会重新认识这里。持续的变革是从内到外的，首先变革的是个人。在很多情况下，首先变革的是我们自己。我们通过重新塑造思想来变革自己，变革他人。通过变革个人，我们才能真正地变革我们的组织。

《企业的道德》
Business Ethics
by Andrew Ghillyer 张霄 译
出版时间：2010年2月　定价：35元

本书不追求抽象的概念解释和烦琐的哲学论证，而是力图帮助职场中的员工在面临"道德两难"时如何"做正确的事情"。据此，作者在书中遴选了大量的美国商界事件作为案例，通过对其精练的分析和简明的推理，以各类具有针对性的知识问答和专项练习，引导读者检测所学知识，反思价值观念，进而处理各类道德难题。除了在写作理念上的独具匠心之外，本书在内容的选择上更是广泛地涉及组织伦理、企业社会责任、利益相关者、公司治理、企业与政府的关系、伦理学与技术以及企业伦理的全球化等热点议题。并在附录中收编了美国6大行业的职业守则，两篇论述企业社会责任的经典文献以及安然公司的伦理守则和安德鲁公司的告密者政策，这无疑为国内相关行业或企业在制定各类守则和政策时提供了可资借鉴的经验和范本。总之，本书不仅是一部通俗易懂的企业伦理学教材，也是一部企业管理的实用手册，更是企业员工贴身的问题咨询专家。

《公司的灵魂》
The Soul of the Corporation: How to Manage the Identity of Your Company
By Hamid Bouchikhi 等　孙颖 译
出版时间：2009年7月　定价：29元

本书认为，公司形象好比公司的灵魂。我们正置身于一个崭新的形象时代之中。在这个时代里，员工、顾客、投资者以及其他利益相关者都对公司形象高度关注。更为重要的是，公司的形象与公司文化、企业战略、品牌定位等有密切的关系，并会对公司的业绩产生重要影响。如果战略决策与公司形象相悖，再好的战略也难以发挥作用。好的形象对于公司而言是一项极其重要的资产，差的形象则会成为公司的一项沉重负债。

书中选取了世界上许多著名公司的真实案例来说明如何管理公司形象，如何发挥公司形象的作用，如果利用公司形象创造出更长久的价值。本书还说明了公司在兼并收购、战略联合、分立剥离以及创新品牌等不同的情况下如何应对形象挑战。

除了丰富的案例外，本书还提出了"形象审计"这一概念，并辅之以问卷调查、培训设计等具体方法，为领导者塑造和管理公司形象提供了可操作性的指导。

《做正确的事》
Do the Right Thing
James F·Parker 骆欣庆 李小平 译
出版时间：2009年11月 定价：28元

经营公司的人们最关注的是什么。正如你所知。多数公司关注削减成本、裁员、减薪或者将项目外包，直至降低服务水平，也无怪有这么多的失败公司——与它们相反，西南航空数十年来一直关注做正确的事情，保持利润水平和明晰发展方向。詹姆斯·派克向我们展示了"做正确的事"绝不是天真的自我"感觉良好"，而是取得公司成功的最有利法则。派克的故事虽不能让你立刻醒醍醐灌顶，但至少会潜移默化地影响你。

詹姆斯·派克告诉我们"9.11"事件后，西南航空做了三个关键的决策：不裁员、不减薪、按顾客要求无条件退款。结果是西南航空仍然持续盈利，2001年第四季度的顾客周转盈利水平保持稳定，而其他公司几乎崩盘。同时，西南航空的市值超越了所有竞争对手市值的总和。

这些关键的决策来自西南航空的互相尊重与信任的文化，一切都是那么自然。派克告诉你做正确的事真的并不困难！

《友爱的公司：卓越的公司如何靠热情和目标赚钱》
Firms of Endearment: How World-Class Companies Profit from Passion and Purpose by Rajendra S. Sisodia David B. Wolfe Jagdish N. Sheth 康青 译
出版时间：2009年1月 定价：38元

这是一本充满新思维的管理书，首次提出"利益相关者关系管理"的新型商业模式，是对传统经济学理论基础的"股东利益高于一切"的颠覆，是对支配人们思想和行为的利己主义的一次有力挑战，也是对传统的商业目的以及商业模式的严厉批判。

- 为什么消耗比以往更多的资源，却得不到顾客的满意和忠诚？
- 为什么要挣脱经济领域里"利己主义"思想的束缚？
- 企业的航船如何沿着可持续发展的航道前行？
- 为什么要颠覆"股东利益最大化"的传统商业模式？

本书是一本充满新思维的管理书，首次提出"利益相关者关系管理的新型商业模式"，是对传统经济学理论基础"股东利益高于一切"的颠覆，是对支配人们思想和行为的利己主义的一次有力挑战，也是对传统的商业目标以及商业模式的严厉批判。

人大新书讯

Authorized translation from the English language edition, entitled It Starts with One: Changing Individuals Changes Organizations, 1st Edition, 9780132319843 by J. Stewart Black, Hal B. Gregersen, published by Pearson Education, Inc, publishing as Wharton School Publishing, Copyright © 2008 by Pearson Education Inc.

All rights reserved. No part of this book may be reproduced or transmitted in any form or by any means, electronic or mechanical, including photocopying, recording or by any information storage retrieval system, without permission from Pearson Education, Inc.

CHINESE SIMPLIFIED language edition published by PEARSON EDUCATION ASIA LTD., and CHINA RENMIN UNIVERSITY PRESS Copyright © 2010.

本书中文简体字版由培生教育出版公司授权中国人民大学出版社合作出版，未经出版者书面许可，不得以任何形式复制或抄袭本书的任何部分。

本书封面贴有 Pearson Education（培生教育出版集团）激光防伪标签。无标签者不得销售。

图书在版编目（CIP）数据

变革始于个人/布莱克、格雷格森著；王霆译.
北京：中国人民大学出版社，2010
ISBN 978-7-300-13061-3

Ⅰ. ①变⋯
Ⅱ. ①布⋯②格⋯③王⋯
Ⅲ. ①企业管理：人事管理
Ⅳ. ①F272.92

中国版本图书馆 CIP 数据核字（2010）第 230849 号

变革始于个人

J・斯图尔特・布莱克　　　著
哈尔・B・格雷格森
王　霆　译
Biange Shiyu Geren

出版发行	中国人民大学出版社		
社　　址	北京中关村大街 31 号	邮政编码	100080
电　　话	010-62511242（总编室）		010-62511398（质管部）
	010-82501766（邮购部）		010-62514148（门市部）
	010-62515195（发行公司）		010-62515275（盗版举报）
网　　址	http://www.crup.com.cn		
	http://www.ttrnet.com（人大教研网）		
经　　销	新华书店		
印　　刷	北京中印联印务有限公司		
规　　格	165 mm×240 mm　16 开本	版　次	2011 年 1 月第 1 版
印　　张	10 插页 1	印　次	2011 年 1 月第 1 次印刷
字　　数	134 000	定　价	36.00 元

版权所有　　侵权必究　　印装差错　　负责调换